O Melodrama

Coleção Debates
Dirigida por J. Guinsburg

Equipe de Realização – Tradução e notas: Claudia Braga e Jacqueline
Penjon; Edição de texto: Marcio H. de Godoy; Revisão: Iracema A. de Oliveira;
Produção: Ricardo W. Neves, Sergio Kon e Lia N. Marques.

jean-marie thomasseau
O MELODRAMA

PERSPECTIVA

Título do original em francês
Le mélodrame

© Presses Universitaires de France, 1984

Dados Internacionais de Catalogação na Publicação (CIP)
(Câmara Brasileira do Livro, SP, Brasil)

Thomasseau, Jean-Marie
O Melodrama / Jean-Marie Thomasseau ; [tradução
e notas Claudia Braga e Jacqueline Penjon]. — São
Paulo: Perspectiva, 2012. — (Debates; 303 / dirigida
por J. Guinsburg)

Título original: Le mélodrame.
Bibliografia.
ISBN 85-273-0719-7

1. Melodrama francês 2. Melodrama - História e
crítica 3. Teatro francês - Século 19 - História e
crítica I. Guinsburg, J. II. Título. III. Série.

05-1607 CDD-809.2527

Índices para catálogo sistemático:
1. Melodrama : Literatura : História e Crítica
809.2527

1ª edição– 1ª reimpressão
[PPD_1/2016]

Direitos reservados para o Brasil à
EDITORA PERSPECTIVA S.A.

Av. Brigadeiro Luís Antônio, 3025
01401-000 – São Paulo – SP – Brasil
Telefax: (0--11) 3885-8388
www.editoraperspectiva.com.br

2016

SUMÁRIO

Apresentação – *Claudia Braga e Jacqueline Penjon* 5

Introdução 9

Origens e Formação do Gênero 13
O Melodrama Clássico (1800-1823) 27
    As Convenções Técnicas 28
    A Temática 34
    Os Personagens 39
    A Moralidade do Melodrama Clássico 47
    Os Autores 50
O Melodrama Romântico (1823-1848) 63
    As Modificações Técnicas 68
    Os Autores 72
O Melodrama Diversificado (1848-1914) 95
    O Melodrama Militar, Patriótico e Histórico 98
    O Melodrama de Costumes e Naturalista 103
    O Melodrama de Aventuras e de Exploração 110

O Melodrama Policial e Judiciário 112
Outros Autores 120
A Estética Melodramática e Sua Sobrevivência 127
A Escrita Melodramática 127
Os Cenários 128
A Música e os Balés 131
Os Atores 132
O Público e os Teatros 133
A Posteridade do Melodrama 135

Conclusão 139

Bibliografia 141

APRESENTAÇÃO

Bastante conhecido dos estudiosos da cultura de massa e da história do teatro no Brasil, mas restrito, entretanto, até o momento, aos que dominam o idioma francês, temos a satisfação de trazer ao público brasileiro *Le Mélodrame*, de Jean-Marie Thomasseau, um dos maiores especialistas mundiais no estudo do gênero. A tradução para o português se justificaria por inúmeras razões, mas a que principalmente nos motivou a levar a termo a tarefa foi a especial importância do gênero melodramático na trajetória do teatro brasileiro, não apenas quando de seu aparecimento no país, em meados do século XIX, mas sobretudo pela permanência dessa estrutura em formas dramáticas diferenciadas até os nossos dias. Ao lermos esta obra reconhecemos, na descrição do gênero, de seus personagens e temas, inúmeros pontos em comum entre o melodrama e, por

---

Raffile em Coelina.

exemplo, a nossa tão atual telenovela, o que nos fez acreditar que tornar este volume mais acessível ao público brasileiro contribui não só para ampliar nosso conhecimento da história de nosso teatro como para que conheçamos também a profunda inserção deste gênero, ou de sua estrutura essencial, em nossa cultura até os dias de hoje.

Desde seus estudos iniciais, o autor sabia da importância do gênero em países outros além da França. No final do quinto capítulo, Jean-Marie Thomasseau nos diz que, apesar de ter sido um fenômeno estritamente francês, o melodrama "se espalhou rapidamente pela Europa (...) e pelo Novo Mundo, onde foram traduzidos a adaptados os sucessos do Bulevar do Crime".

Com efeito, ao percorrermos a breve história do teatro no Brasil desde 1838, verificamos a constante presença do melodrama nos palcos nacionais, desde as primeiras representações do ator João Caetano dos Santos até os anos 1930 quando, exatamente em razão de sua imensa popularidade – segundo o crítico Mário Nunes, as plateias populares o estimavam até o delírio –, e adaptando-se aos novos tempos, abandona os teatros propriamente ditos para começar uma carreira ainda mais popular, através dos veículos de comunicação de massa como o rádio e, posteriormente, a televisão.

Mas afinal como eram essas peças, que apesar de enfrentarem a oposição quase unânime da "crítica especializada", ainda assim, segundo o mesmo Mário Nunes, muito "concorreram para manter vivo o interesse do povo, a alargá-lo, pelas representações teatrais"[1] em nosso país? Quais eram, ou quais são os seus atrativos?

De maneira geral o melodrama, inalteradamente, apresenta a luta entre bem e mal absolutos, busca ser ao mesmo tempo universal e quotidiano, procurando comover o público através de uma estética moralizante que corresponde a códigos preestabelecidos. Sua trama também é de

---

1. M. Nunes (1956), v 1, p. 49.

certa forma imutável; o vilão acaba sempre desmascarado pelo herói, o bem sempre vence o mal, e assim a virtude é sempre premiada e o crime sempre punido.

De onde viria, então, o nítido prazer que sentiram e sentem as plateias que o viram nascer e as que hoje apreciam as formas dramáticas que utilizam sua fórmula? Para Peter Brooks, que caracteriza o melodrama como "uma estética do admirável"[2], o prazer do público nasce das numerosas peripécias e dos golpes teatrais. Com efeito, se os personagens, maniqueístas, são sempre idênticos – o vilão e seu confidente; o herói e seu parceiro popular, o bobo que provoca o riso; as vítimas; o eventual casal de namorados reunido no final; e o ofendido pai de família restabelecido na sua função de patriarca – é o uso da peripécia, associada ou não ao reconhecimento, é mesmo essa certeza da vitória do bem contra o mal, ou ainda é o pitoresco visual, um maquinismo a serviço do patético, que encantam o público.

Podendo ser definido como um "espetáculo total", lado a lado com a busca do patético, o melodrama rende tributo também ao maravilhoso com incêndios, erupções vulcânicas, naufrágios, preenchendo então, segundo Brooks, pela surpresa, pelo encantamento, os espaços da emoção e da imaginação de seu público.

O Melodrama explica mais particularmente esta atração da qual nos fala Brooks. Partindo do princípio de que em períodos de crise é exacerbado o gosto pelo teatro – e nesse sentido o gênero confirma a regra: o melodrama é filho da Revolução Francesa e desde seu aparecimento (com *Coelina ou a Filha do Mistério*, 1800, de Guilbert de Pixérécourt) vem estreitamente ligado à ideia de teatro popular – Jean-Marie Thomasseau nos mostra sucessivamente as transformações do gênero com o decorrer do tempo.

Inicialmente dedicando-se a contextualizar seu aparecimento, o autor descreve as origens e formação do gênero,

---

2. Peter Brooks, "Une esthétique de l'étonnement: le mélodrame", em *Poétique* 19, 1974, pp. 340-356.

numa Paris pós-Revolução Francesa, para em seguida estabelecer a estrutura básica do "melodrama clássico", um gênero otimista, que exorciza e anula, de certa maneira, pela imaginação, os transtornos da Revolução, como por exemplo nas obras de um Pixerécourt. Ao longo do volume Jean-Marie Thomasseau nos mostra ainda que, seguindo as tendências estéticas do século XIX, também o melodrama prestará tributo ao romântico, para enfim diversificar-se, sempre em consonância com as correntes do momento, apresentando, a partir de então, enredos históricos e/ou militares; de costumes ou naturalistas; de aventuras ou mesmo policiais e conclui sua obra discorrendo brevemente sobre a sobrevivência desta "estética melodramática" em diferentes obras e sob o ponto de vista de diversos criadores das artes cênicas.

Referência bibliográfica de inúmeras obras que estudam a cultura de massa no Brasil, a divulgação de *O Melodrama* em língua portuguesa mostra-se da maior relevância não apenas aos especialistas do assunto mas, pela importância do gênero na formação teatral brasileira, aos interessados numa compreensão geral da história da dramaturgia em nosso país. Esta, como já dissemos, foi a principal razão de nosso empenho e também da editora Perspectiva – à qual prestamos nossos maiores agradecimentos em sua tradução, com a qual contamos ser úteis ao público brasileiro.

Claudia Braga e Jacqueline Penjon

INTRODUÇÃO

Do melodrama, geralmente se conhece a célebre fórmula de Musset "Viva o melodrama onde Margot chorou"; fórmula admirativa que frequentemente se toma como uma expressão de ironia. A palavra melodrama, com efeito, traz ao pensamento a noção de um drama exagerado e lacrimejante, povoado de heróis falastrões derretendo-se em inutilidades sentimentais ante infelizes vítimas perseguidas por ignóbeis vilões, numa ação inverossímil e precipitada que embaralha todas as regras da arte e do bom senso, e que termina sempre com o triunfo dos bons sobre os maus, da virtude sobre o vício. Este esquema, se não é inteiramente falso, é por demais simplificador. Desde o nascimento do gênero, entretanto, ele foi veiculado por críticos e historiadores que, a respeito do melodrama, repetidamente utilizaram a

---

Placa do Théâtre de la Porte Saint-Martin.

zombaria e o sarcasmo. Lendo-se, todavia, mais de perto estes textos de críticos e de criadores, percebe-se que, de Geoffroy a Zola, sua atitude é ambígua; todos admiraram as técnicas melodramáticas e invejaram, sem nunca poder explicar os sucessos colossais alcançados pelo gênero. Por que, então, a ironia?

Ela nasce de muitos mal-entendidos. O primeiro entre eles apóia-se no fato de que o melodrama, desde seu surgimento, foi associado à ideia de teatro popular, ou popularesco, e a cada vez em que se utiliza o termo "popular" com relação ao teatro, este sofre, imediatamente, um pré-julgamento desfavorável. Hoje em dia, fala-se mesmo a seu respeito como uma paraliteratura, uma a-literatura ou uma subliteratura.

É precisamente aí que reside o segundo mal-entendido: continua-se, com efeito, a julgar as obras teatrais com o apoio único em critérios de estilo literário. O melodrama, frequentemente escrito por autores sem talento de estilo, mas não despidos de qualidades teatrais, é justamente um gênero que, sem que seus criadores estivessem conscientes, provocou uma nítida dissociação entre o literário e o teatral. A arte do melodrama repousa, com efeito, quase que inteiramente, nas situações, numa *mise en scène* perfeita e no talento dos atores, sendo que destes últimos elementos o que resta atualmente são apenas o texto das rubricas e algumas piedosas lembranças em velhos artigos.

Nesse sentido, constata-se o quão ultrapassados são os métodos tradicionais da história teatral que se ocupam tão somente com o que se costuma chamar de obra-prima, deixando na sombra todas as outras produções, sem se interrogar sobre esta noção fluida e subjetiva de obra-prima, ou sobre a maneira através da qual a posteridade as fabrica. Seria então inteiramente pertinente, nesse caso, ter em conta um gênero que, durante mais de um século, mobilizou centenas de autores, produziu milhares de peças e provocou os maiores entusiasmos, não apenas no público popular, mas em todos os estratos da população. Seria necessário, enfim, refletir sobre a proposta de escrever uma história do gosto teatral, mais do que uma história literária do teatro.

A escolha que de nossa parte operamos nesta imensa produção não foi fácil; ela foi estabelecida em função de dois critérios: o do sucesso alcançado e o da qualidade puramente *dramática* das obras, de sua contribuição original na prática de uma escrita teatral (no sentido pleno), da qual se pode ainda, no teatro atual, medir as consequências e seguir os prolongamentos.

Théâtre de L´Ambigu Comique.

Théâtre de L´Ambigu Comique. À esquerda, espetáculo gratuito; à direita, fila para o teatro.

ORIGENS E FORMAÇÃO DO GÊNERO

A lenta transformação que afeta, durante todo o século XVIII, os gêneros tradicionais da arte, em particular o teatro, conjugada ao surgimento, na época da Revolução[1], de um público aumentado pelas classes populares e extremamente sensibilizado pelos anos de peripécias movimentadas e sangrentas, conduz à eclosão do que se convencionou chamar "estética melodramática".

Após o édito de liberação de 1791, que estipulava que todo cidadão podia "construir um teatro público e ali fazer representar peças de todos os gêneros", como em todas as sociedades em crise, em guerra ou em revolução, aparece então um entusiasmo desmesurado pelo teatro, lugar pri-

---

1. A Revolução Francesa, que tem seu ápice com a Queda da Bastilha, a 14 de julho de 1789.

Plateia do Théâtre de L´Ambigu Comique, antes do incêndio de 1827.

vilegiado que transforma em mitos e maravilhas as situações de violência que as ruas e as assembleias haviam banalizado.

No momento no qual, sob o Diretório[2], em algumas rápidas tentativas, a fórmula melodramática toma sua forma definitiva, o público dos teatros populares, tão complacentemente descritos pelos jornais e gravuras da época, conserva ainda o fervor da Revolução. Nesse sentido, a ética melodramática realiza, com efeito, neste momento, os desejos de todas as camadas da população.

A paixão das classes mais populares volta-se sobre ela mesma, nos espetáculos da virtude oprimida e triunfante; e ela durará todo o século. A burguesia, que tem em mãos os negócios, aplaude também o melodrama por que ele reage contra os excessos do teatro anticlerical e do teatro *noir*[*], importado da Inglaterra e ainda muito em voga sob o Diretório. Por outro lado, ela aprecia o melodrama porque ele tempera e ordena as tentativas mais ousadas do teatro da Revolução, põe em prática o culto da virtude e da família, remete à honra o senso de propriedade e dos valores tradicionais, e propõe, em definitivo, uma criação estética formalizada segundo padrões bastante precisos. A aristocracia, tanto a antiga quanto a nova, não deixava, tampouco, de misturar-se ao populacho nos bulevares para assistir aos espetáculos que, ao menos nos melodramas clássicos, preservavam o senso de hierarquia e o reconhecimento do poder estabelecido.

O poder, por sua vez, através de uma censura eficaz e discreta, e com a cumplicidade mais ou menos consciente dos autores, aproveitará da melhor forma possível o entusiasmo popular pelo melodrama. Sob o Consulado[3] e sob o

---

2. Nome pelo qual se denominou o grupo de cinco membros responsável pelo poder executivo na França segundo a constituição promulgada em 1795.

*. Teatro de terror que se caracteriza por uma visão pessimista, sombria, tensa. (N. da E.)

3. Nova denominação do poder executivo criada a partir do golpe de Estado conhecido como 18 Brumário, no qual toma o poder Napoleão Bonaparte, em 1799.

14

Império[4], com efeito, propondo um imaginário da história da França na qual triunfavam sempre os grandes capitães e uma visão da sociedade na qual eram exaltadas as virtudes civis, familiares e marciais, os melodramas reconciliaram todas as ideologias, numa tentativa de reconstrução nacional e moral ou, ao menos, na busca do fortalecimento das instituições sociais, morais e religiosas.

Nodier, amigo e admirador de Pixerécourt, percebeu perfeitamente o caráter quase institucional destes dramas, a propósito dos quais escreveu:

> O que eu os vi fazer foi, na falta do culto, substituir as instruções do púlpito e lançar, de uma forma atraente, à qual não faltava jamais o efeito cênico, lições graves e proveitosas na alma dos espectadores. A representação dessas obras verdadeiramente clássicas, na acepção elementar do termo que nos indica as influências morais da arte, inspira apenas ideias de justiça e humanidade, faz nascer apenas emulações virtuosas, desperta apenas ternas e generosas simpatias. O que vi foi que, nesta época difícil, na qual o povo só pode recomeçar sua educação religiosa e social no teatro, existe, na aplicação do melodrama ao desenvolvimento dos princípios fundamentais de qualquer civilização, uma visão providencial [...]. É necessário um teatro que coloque em cena os incômodos não meritórios da grandeza e da glória, as manobras insidiosas dos traidores, a dedicação por vezes arriscada das pessoas de bem. É necessário lembrar, através de um enredo sempre novo em seu contexto, sempre uniforme em seus resultados, esta grande lição na qual se resumem todas as filosofias apoiadas em todas as religiões: que mesmo aqui em baixo, a virtude nunca fica sem recompensa e o crime jamais fica sem castigo. E que ninguém se engane: o melodrama não é pouca coisa, ele é a moralidade da Revolução[5].

Desde os primeiros sucessos do gênero, colocou-se para críticos e autores, em diferentes termos, a questão das origens do melodrama. Enquanto as salas oficiais se

---

4. Proclamado pelo próprio Napoleão que se faz coroar imperador da França, em 1804.

5. Charles Nodier, *Introduction au théâtre choisi de Pixerécourt*. Genebra, Slaktine Reprints , 1971, pp. II-VIII.

esvaziavam e a multidão se espremia nas bilheterias do Ambigu, ou da Porte de Saint Martin, os críticos, pouco perspicazes em sua maior parte, tiveram uma reação de defesa e desprezo por aquele gênero misto que transtornava tantos hábitos estéticos e no qual eles viam pouca originalidade. Quanto aos autores, ao menos aqueles dos primeiros melodramas, Pixerécourt em particular, muito orgulhosos de sua missão de humanistas do teatro, procuraram para suas criações os mais nobres antecedentes para justificar, *a posteriori*, a existência deste gênero frequentemente tratado como bastardo.

O melodrama, durante todo o século, iria permanecer neste estatuto ambíguo; ao mesmo tempo amado por um grande público e desprezado pelos críticos e historiadores da literatura que raramente, a seu respeito, abandonaram o tom de ironia condescendente e de ridicularização sistemática.

O próprio termo, melodrama, desde suas origens, apresentou ambiguidades, sentidos múltiplos que recobriam realidades diversas.

A palavra nasceu na Itália, no século XVII: melodrama designava, então, um drama inteiramente cantado. O termo apareceu na França apenas no século XVIII, durante a querela entre músicos franceses e italianos. Em 1762, Laurent Garcins escreveria uma erudita dissertação sobre o drama e a ópera intitulada *Tratado do Melodrama*.

Em 1775, Rousseau, encenando na Comédie Française o *Pigmalião*, cena lírica em um ato, iria dar ao termo uma nova significação. Escreveria ele:

> A cena de *Pigmalião* é um exemplo deste gênero que não terá imitadores. Em se aperfeiçoando este método, obter-se-á a dupla vantagem de aliviar o ator através de frequentes descansos e de oferecer ao espectador o melodrama mais conveniente para sua língua. Assim, este tipo de obra poderá se constituir no gênero intermediário entre a simples declamação e o verdadeiro melodrama, cuja beleza ele jamais alcançará. *Fragments d'observations sur l'Alceste de M. Gluck (Fragmentos de Observações sobre o Alceste de M. Gluck).*

Pigmalião apresenta-se como um breve monólogo, entrecortado e sustentado por frases musicais que sublinham uma expressiva pantomima. Contrariamente ao que afirma Rousseau, entretanto, a peça foi imitada: *Ariane auf Naxos* (1781), de J. Brandes e G. Benda; *Pyrame et Thisbé* (1783), de Larive e Baudron e *Héro et Leandre* (1784), de Florian, seguiram o mesmo modelo.

A palavra melodrama e o novo gênero que ela definiria acabaram, assim, virando moda, mas as peças que levavam este nome ampliaram pouco a pouco o círculo estreito do monólogo de Rousseau, aumentaram o número de personagens e introduziram um bailado. Sua intriga, por sua vez, desenrolava-se cada vez mais em ambientes exóticos; *L'Elève de la nature* (1781-1787) *(A Educação da Natureza)*, de Mayeur de Saint-Paul, dá uma ideia bastante exata deste estilo de peças. Na mesma época, eram também chamados de melodrama, cômico ou pastoral, algumas peças curtas em um ato, mais apropriadamente ligadas à "ópera cômica" ou ao que hoje se chamaria opereta, que eram encenadas no Teatro des Beaujolais. Nestas peças, a entrada dos personagens era sublinhada por frases musicais, faladas e cantadas dos bastidores e mimadas sobre o palco.

A palavra melodrama veio a ser, então, imperceptivelmente, um termo cômodo para classificar as peças que escapavam aos critérios clássicos e que utilizavam a música como apoio para os efeitos dramáticos. A partir de 1790, o termo é correntemente utilizado por comentaristas de teatro e autores que introduziam em suas peças monólogos líricos acompanhados de música. O adjetivo *melodramático* passa a desempenhar, então, um papel de chamariz, sobretudo durante a Revolução, quando se via qualquer trapalhada cênica ser qualificada de *melodramática*. Graças a isso, podemos encontrar, então, *mágicas melodramáticas, cenas líricas e melodramáticas, melodramáticas e alegóricas, melodramas pantomimo-líricos* etc.

Aproximadamente em 1795, a palavra toma um novo significado; ela designa então um novo gênero muito apreciado na época: a pantomima muda ou dialogada e o drama de ação. Pixerécourt, por exemplo, em seus primeiros dramas, não a utiliza: *Victor ou l'Enfant de la forêt (Victor, ou o Menino da Floresta)*, é chamado de "tragicomédia", *Coelina ou l'Enfant du mystère (Coelina, ou a Criança do Mistério)*, "drama em prosa". Os críticos, entretanto, comentaram estas peças chamando-as melodramas, termo que Pixerécourt só adotará definitivamente em 1802, com *La Femme à deux maris (A Mulher de Dois Maridos)*, primeiramente sob a antiga forma "melo-drama" e depois, nas peças seguintes, sob a forma definitiva, melodrama.

Inicialmente, o termo não possuía um sentido pejorativo, a não ser para os críticos clássicos. Em 1835, ele foi oficialmente adotado pela Academia, exatamente quando caía em desuso. Alguns autores como Fournier e Dessarssin, com *Marguerite d'York* (1839), Antier e Comberousse, com *Le Marché de Saint-Pierre* (1839) *(O Mercado de Saint-Pierre)* e sobretudo Bouchardy, com o prefácio de *La Pauvre fille* (1838) *(A Pobre Filha)*, tentaram dar-lhe novamente vida e respeitabilidade. Tudo foi em vão. A palavra já tinha ganho o sentido depreciativo tal qual a conhecemos nos dias atuais.

Quando a história literária fala do melodrama e de suas origens, ela o faz, frequentemente, em termos de esclerose e decadência, explicando certas vezes o nascimento do gênero como uma degenerescência da tragédia. É verdade que a tragédia, sobre a qual Voltaire tentou provocar e teorizar as transformações, pouco a pouco, ao longo do século XVIII, abandonou suas dimensões metafísicas, substituídas por conflitos psicológicos e debates morais, e escolheu uma estrutura romanesca mais patética que trágica. Os "golpes de teatro" se multiplicavam ali, em detrimento da "tristeza majestosa". Grimm, em sua *Correspondance littéraire*, ainda em 1756, a propósito do *Astyanax*, de Chateaubrun, traçava o arcabouço, já "melodramático", destas novas tragédias:

Pegue dois personagens virtuosos e um malvado, que seja tirano, traidor e celerado; que este último perturbe os dois primeiros, que os faça infelizes durante quatro atos, ao longo dos quais ele desembestará a dizer um repertório de frases horrorosas, enriquecido de venenos, punhais, oráculos etc., enquanto os personagens virtuosos recitarão seu catecismo de máximas morais. Que no quinto ato o poder do tirano seja aniquilado por alguma rebelião, ou a traição do celerado descoberta por algum personagem episódico e salvador. Que os malvados pereçam e que as pessoas honestas da peça sejam salvas.

Se a lembrança da influência da tragédia pode parecer lisonjeira aos autores e ao público do melodrama, a do drama burguês o é menos, mas mostra-se mais real.

Pixerécourt, no final de sua carreira dramática, reconhecia abertamente a influência do drama burguês sobre as concepções do melodrama: "Eu sempre procurei seguir, escreveu ele, a escola de Sedaine, que creio ser incontestavelmente a melhor".

O melodrama entretanto parece mais próximo, em certos aspectos, das teorias do drama burguês do que das próprias obras e pode parecer um resultado lógico das reflexões de Diderot, de Sedaine, de L.-S. Mercier, que desejava "um teatro onde a virtude, após alguns obstáculos, gozará um triunfo completo", ou de Beaumarchais, que escreveu no prefácio de *Eugenie*, que "a verdadeira eloquência do drama é a das situações". O espírito e a técnica dos dois gêneros certamente se parecem, mas menos na pintura do conflito de circunstâncias (pouco presente nos primeiros melodramas) que na exploração sistemática dos efeitos patéticos, efeitos que se encontravam mais frequentemente ainda nos dramas *noirs* de Baculard d'Arnaud e nas comédias lacrimejantes de Nivelle de la Chaussée. O drama histórico *Jean Hennuyer, Le Déserteur (Jean Hennuyer, o Desertor)* e seu epígono revolucionário, o "fato histórico" em um ato *Cange ou le Commissionaire bienfaisant (Cange, ou o Comissário Benfazejo)*, ao colocarem em cena personagens célebres ou comuns em situações de exceção, parecem ter inspirado mais claramente ainda os personagens e as intrigas de Caigniez ou de Pixerécourt.

A propósito da influência do drama sobre o melodrama, é necessário notar aqui, após a voga do teatro shakespeariano, admirado por Voltaire e traduzido para a língua francesa por Ducis, o extraordinário entusiasmo, na época da Revolução, pelos dramaturgos alemães, em particular por Kotzebue e Schiller. A adaptação por Lamartelière dos *Brigands (Bandidos)*, de Schiller, adaptação esta intitulada *Robert, chef de brigands* (1792) *(Robert, o Chefe dos Bandidos)*, causou uma forte impressão tanto sobre o público popular quanto sobre os intelectuais. Nodier chegou a observar que, junto ao Figaro, Robert formava, então, a "dilogia da República".

Outras peças e outros gêneros deste fim de século parecem ter também deixado suas marcas nas técnicas melodramáticas; trata-se, particularmente, das tradicionais pantomimas, mudas, e depois "dialogadas", como *La Mort du Capitaine Cook* (1788) *(A Morte do Capitão Cook)*, de Arnowd Mussot; *Le Héros americain* (1786) *(Os Heróis Americanos)*, de Ribié, e *Les Miquelets ou le Repaire des Pyrénées* (1798) *(Os Miquelets, ou a Toca dos Pireneus)*, de Cuvelier. A tipificação simplificadora dos personagens, a *mise en scène* movimentada e com regras bem estabelecidas, onde a interpretação através da mímica era posta em relevo, o uso da temática obsessional da perseguição e do reconhecimento (explorada também na maior parte dos outros gêneros) deram ao melodrama os elementos principais de sua ossatura.

Enfim, o gênero romanesco, até então pouco valorizado pelos meios literários, serviu ao melodrama de reserva inesgotável de intrigas e peripécias. Não apenas os romances *noirs* ingleses, como *Le Château d'Otrante* (1764) *(O Castelo de Otrante)*, de Horace Walpole, *Ambrosio ou le Moine* (1795) *(Ambrosio, ou o Monge)*, de "Monk" Lewis, *Les Mystères d'Udolphe* (1794) *(Os Mistérios de Udolphe)*, *L'Italien ou le Confessional des pénitents noirs* (1797) *(O Italiano, ou o Confessionário dos Penitentes Sombrios)*, de Ann Radcliffe, a ele deram sua contribuição, como também os romances franceses de época, sobretudo aqueles de

F. Ducray-Duminil, como *Victor ou l'Enfant de la fôret* (1796) *(Victor ou a Criança da Floresta), Coelina ou L'Enfant du mystère* (1800) *(Coelina ou a Criança do Mistério), Les Petits Orphelins du Hameau* (1800) *(Os Pequenos Órfãos do Hameau), Paul ou la ferme abandonnée (Paul ou a Coragem Abandonada)* etc., tão ricos de episódios tormentosos e de maquinações complicadas.

A criação romanesca, com efeito, não apenas forneceu ao melodrama a maior parte de seus *canevas*[6], como também manteve com ele, ao longo de todo o século XIX, estreitos vínculos. A partir da segunda geração de melodramaturgos, os autores de peças eram também romancistas, sendo assim, os mesmos assuntos eram desenvolvidos no palco e nos folhetins. Geralmente, o romance precedia a criação cênica, mas o fenômeno inverso também se produzia algumas vezes. Estas trocas contínuas conduziam a produtivas colaborações entre os romancistas profissionais e os homens de teatro.

Os fenômenos de empréstimos e estas passagens incessantes dos mesmos assuntos de um modo de expressão a outro, além de proporem interessantes questões estéticas sobre as relações entre os gêneros, colocam em evidência a influência, desde o início do século XVIII e ao longo de todo o XIX, das técnicas e da imaginação romanesca em todas as formas de expressão teatral, pois o fenômeno não se restringia apenas ao melodrama, do qual Nodier dizia, entretanto, ser "uma extensão do romance".

Definitivamente, nesse fim de século, os grandes gêneros teatrais tradicionais (tragédia, comédia e drama), procurando cada vez mais uma *mise en scène* movimentada e uma elaboração cuidadosa dos cenários e figurinos, tenderam todos, de diversas formas, e segundo sua natureza particular, a se aproximar de um tipo único de formato pantomímico e romanesco.

---

6. Espécie de roteiro de encenação utilizado inicialmente na *commedia dell'arte*.

Na mesma época, pode-se notar o mesmo processo e as mesmas modificações nos gêneros não especificamente ligados a um texto, como a ópera ou a ópera cômica. A dança, a música, o canto, como no melodrama, foram então explorados menos por eles mesmos do que como um sustentáculo patético de intrigas romanescas extremamente mimadas. Este gosto pela pantomima, pelos símbolos, pela encenação grandiosa, é encontrado também na organização das grandes festas e celebrações da Revolução.

Os melodramaturgos souberam usar a seu favor este nivelamento e esta uniformização dos gêneros reorganizando, segundo um ritual de regras precisas, as técnicas já experimentadas.

É necessário, finalmente, sublinhar o papel preponderante desempenhado, à margem dos teatros oficiais, pelos teatros da feira e dos bulevares que, desde sua fundação por Nicolet, em 1760, suscitariam um clima propício a todas as inovações teatrais. Este fenômeno, visível sobretudo durante todo o período revolucionário, provocou inúmeras tentativas loucas, absurdas, extravagantes, mas sempre originais, como por exemplo as produções de Olympe de Gouges e de Sylvain Maréchal, mas também outras pujantes criações como *Les Victimes cloîtrées* (1791) (*As Vítimas Enclausuradas*), de Monvel ou *Adonis ou le bon nègre* (1797) (*Adonis, ou o Bom Negro*), de Béraud e Rosny, mais próximas da inspiração dos primeiros melodramas.

Numa época movimentada e num espaço restrito, esta reunião de criações múltiplas e de homens de todas as condições constituiu, em suma, o crisol social e teatral no qual, após algumas hesitações e num momento de profundas transformações do pensamento, se elaboraria a ética e a estética do melodrama:

O melodrama, tal como o conhecemos a partir de 1800 (escrevia Nodier), tornou-se um gênero novo: ele é ao mesmo tempo um verossímil quadro do mundo que a sociedade nos deu e a única tragédia popular que convém a nossa época [...]. O melodrama nunca foi colocado em seu real lugar, seu nascimento data de *Coelina*[7].

Com efeito, tomando como referência o entusiasmo do público e a opinião quase unânime da crítica, foi, indubitavelmente, *Coelina ou l'Enfant du mystère* (1800), de Pixerécourt, o primeiro verdadeiro melodrama.

Alguns dos dramas anteriores a este realmente apresentaram características do gênero, mas falta, a cada um, ao menos um elemento constitutivo essencial, a começar pela consagração definitiva do público. Entre estes, deve-se mencionar ainda *La Forêt périlleuse* (1797) *(A Floresta Perigosa)* e *Roland de Monglave* (1799), de Loaisel-Tréogate; *C'est le Diable ou la Bohémienne* (1797) *(Ele é o Diabo, ou a Cigana)*, de Cuvelier; ou ainda *Le Château des Apennins* (1798) *(O Castelo dos Apeninos)* e *Rosa ou l'Hermitage du torrent* (1800) *(Rosa, ou o Heremitério das Torrentes)*, do próprio Pixerécourt. Em nenhuma dessas peças, todavia, a fórmula aparece como definitiva. Às vezes, como nesta outra peça de Pixerécourt, *Victor ou L'Enfant de la forêt* (1799), falta um único elemento, o personagem cômico.

A intriga de *Coelina*, em última análise, propõe um conjunto de situações fortes que prendem o interesse e que serão seguidamente retomadas sob diversas formas.

Dufour, honesto burguês, acolheu em sua casa sua sobrinha Coelina, cuja fortuna ele administra, também honestamente. Por delicadeza, ele hesita em dar a mão da jovem a seu filho Stéphany, apesar do amor que ambos sentem um pelo outro. Dufour dá também comida e abrigo para um pobre mudo, Francisque Humbert, doente devido a agressões sofridas. O pobre homem desperta a compaixão de Coelina, que vela por ele com ternura. Os escrúpulos

7. C. Nodier, op. cit., pp. I-II.

de Dufour a propósito da herança de Coelina levam-no a aceitar o pedido de sua mão por um certo Truguelin.

Quando Truguelin visita Dufour, ele encontra e reconhece Humbert que, por seu turno, treme à visão do visitante, no qual ele identifica um de seus antigos agressores.

Para evitar ser desmascarado, Truguelin trama com Germain, alma perversa que é seu criado, a morte de F. Humbert. Coelina, que vela o doente, surpreende a conversação, prevenindo e tranquilizando Humbert. Assim, no momento em que Truguelin ameaça o mudo com seu punhal, este lhe aponta um par de pistolas. Com o barulho da briga, Dufour acode. Coelina desmascara Truguelin, que é perseguido. Mas ela não sabe que o vilão não abandonará a partida. Ele deseja ao mesmo tempo Coelina e sua fortuna.

O casamento de Coelina e Stéphany é então marcado. Nesse dia, porém, aparece Germain que interrompe a festa e as danças para entregar uma carta a Dufour. Esta carta é uma denúncia: ela acusa Coelina de não ser a sobrinha de Dufour, mas o fruto de um amor adúltero de Isolina, a cunhada de Dufour. Uma certidão de nascimento está anexada à carta. O verdadeiro pai de Coelina é Francisque Humbert. Lágrimas e choros de reconhecimento.

O enternecimento, todavia, dura pouco; é a vez de Humbert e Coelina serem perseguidos pela cólera de Dufour. Stéphany, enfrentando a maldição paterna, protesta; em vão.

Algum tempo depois, por meio de um velho médico que até então se mantivera em silêncio, Dufour descobre que outrora Truguelin já havia realmente tentado se desembaraçar de Humbert. Remorsos tardios de Dufour, que decide reencontrar as duas vítimas e denunciar o crime de Truguelin.

No terceiro ato, temos a pintura da miséria de Coelina e de seu pai, em fuga nas montanhas, onde se esconde também Truguelin, perseguido pelos remorsos e pela polícia. Próximo a uma torrente vertiginosa, Coelina e seu pai encontram refúgio num moinho ocupado por um honesto moleiro, Michaud, que já tinha acolhido sob seu teto o inimigo mortal de ambos, Truguelin. Caçado por Humbert, Truguelin, graças à engenhosidade de Coelina, cai numa emboscada e é levado por dois policiais, no momento em que Dufour e Stéphany, lançados em busca dos dois infelizes, finalmente os encontram.

Por ocasião da explicação final, vai-se descobrir que antes de se casar com o irmão de Dufour, Isolina se havia casado secretamente com Humbert. Truguelin, aproveitando-se de uma ausência de Humbert, obrigara Isolina a se casar com o irmão de Dufour, pois este legaria aos filhos dela todos os seus bens e Truguelin esperava apoderar-se de sua riqueza, casando-se com Coelina. Quando Humbert quis retomar sua filha, provocou a cobiça e a perseguição do vilão.

Tudo se encerra com um balé e um último vaudevile onde se canta:

Zig Zag Dão Dão
Nada esquenta a cadência como uma boa ação.

A multidão acorre ao Ambigu. O *Courrier des Spectacles*, frequentemente bastante desconfiado ante este tipo de peça, escreveu:

Os bulevares já ofereceram peças com diabos, almas do outro mundo, combates, muita ornamentação etc. e correu-se aos bulevares, aplaudiu-se os diabos; mas qualquer sucesso obtido por estas produções gigantescas e monstruosas não pode se comparar com *Coelina*.

A peça ficou em cartaz muitos meses. Pixerécourt, no fim de sua carreira, calculava terem havido cerca de 387 representações em Paris e 1989 nas províncias do interior; número colossal para a época, mas que alguns sucessos seguintes do gênero como *L'Homme à trois visages (O Homem das Três Faces)* – 378 em Paris e 674 nas províncias – ou *La Femme à deux maris* – 451 em Paris e 895 no interior –, iriam repetir.

Estas representativas quantidades dão uma boa medida do entusiasmo dos espectadores por essa nova forma de drama. A peça foi ainda traduzida para o inglês (por T. Holcroft, e encenada no Covent Garden, em 1802, com o título *A Tale of Mystery*), para o alemão e para o holandês, tendo sido encenada em toda a Europa.

Alguns anos mais tarde, Paul Lacroix escreveria a Pixerécourt, a propósito de *Coelina*:

> Você é o autor de um gênero e, ainda que este gênero não seja nem a alta comédia nem a tragédia clássica, graças a você, ele fez barulho suficiente no mundo para merecer ser consagrado pela publicação de suas obras reunidas [...]. Foi você, meu amigo, que fundou as regras deste gênero que se tentaria em vão, atualmente, excluir de nossos hábitos teatrais.

A originalidade de *Coelina* em relação às produções que a precederam consiste, entretanto, menos em propor inovações que de ter organizado de forma original elementos já largamente explorados e reconhecidos; é isso o que explica ao mesmo tempo o entusiasmo unânime que ela suscitou e o fato de que, durante quinze anos, *Coelina* fixou o arcabouço e os cânones do melodrama clássico.

O MELODRAMA CLÁSSICO (1800-1823)

Em 1817, um jocoso opúsculo intitulado *Tratado do Melodrama* dava a receita do melodrama clássico:

> Para fazer um bom melodrama, é necessário primeiro escolher um título. Em seguida é preciso adaptar a este título um assunto qualquer, seja histórico, seja de ficção; depois, coloca-se como principais personagens um bobo, um tirano, uma mulher inocente e perseguida, um cavaleiro e, sempre que se possa, um animal aprisionado, seja cachorro, gato, corvo, passarinho ou cavalo.
>
> Haverá um balé e um quadro geral no primeiro ato, uma prisão, um romance e correntes no segundo; lutas, canções, incêndio etc., no terceiro. O tirano será morto no fim da peça, quando a virtude triunfará e o cavaleiro desposará a jovem inocente infeliz etc.
>
> Tudo se encerrará com uma exortação ao povo, para estimulá-lo a conservar a moralidade, a detestar o crime e os tiranos, sobretudo lhe será recomendado desposar as mulheres virtuosas.

René-Charles Guilbert de Pixerécourt (1773-1844).

O tom paródico deste texto, não modifica muito, entretanto, a realidade; as observações divertidas mas penetrantes de seus autores definem bastante claramente a arquitetura, a temática e os personagens do melodrama clássico.

As Convenções Técnicas

A meticulosa organização técnica do melodrama clássico se apoiava, ao menos até 1815, em concepções dramáticas precisas, expressas geralmente nas notas que precediam as peças impressas e, mais claramente, nos escritos teóricos de Pixerécourt: *Paris ou le Livre des Cent-et-um* (1832) *(Paris, ou o Livro dos Cento e Um)*, *Guerre au mélodrame* (1818) *(Guerra ao Melodrama)* e *Théâtre choisi* (1841-1843) *(Seleta de Textos Teatrais)*. Desses textos se desprende, para utilizar a fórmula do autor, uma verdadeira "poética" do melodrama. Evidentemente, como em todo discurso teórico, o discurso dos melodramaturgos apresentava diferenças com relação à realidade das criações, mas nestes primeiros anos do século, estas variações eram pouco sentidas.

Os criadores buscaram inicialmente dar ao gênero recentemente criado um estatuto literário e teatral reconhecido. Este ensejo não deve, entretanto, ser separado da ideia de missão educadora à qual se autoimpôs o melodrama; ele caminha, mesmo, junto desta proposta. Pixerécourt, com muita lucidez, reconhecia escrever para aqueles "que não sabem ler". Para este público novo, em sua grande maioria inculto, no qual se desejava inculcar certos princípios de sadia moral e de boa política, era necessário elaborar uma estética ao mesmo tempo rigorosa e prestigiosa. Para fazê-lo, os melodramaturgos contiveram os excessos revolucionários e codificaram o gênero, em nome da verossimilhança e da conveniência, desejando, num primeiro momento, relacionar o espírito do melodrama ao prestígio da tragédia. Neste sentido, recorrendo a Aristóteles, Pixerécourt chega a afirmar que o melodrama é encenado "há três mil anos" (*Guerre au mélodrame*). E ele não está certamente enganado, se se pensar na importância dada à "fábula", à música, às peripécias e ao reconhecimento nas teorias aristotélicas. Tomadas ao pé da letra, o melodrama poderia realmente aparecer como a única forma teatral que chegou a realizar estas teorias em sua totalidade.

As Unidades e os Três Atos

Foi sobretudo a propósito do respeito à regra das três unidades que os melodramaturgos mais procuraram se justificar. Pixerécourt fazia notar, no Prefácio de seu *Théâtre choisi* que ele só as havia transgredido duas vezes: em *La Fille de l'exilé* (1819) *(A Filha do Exilado)* e em *Charles le Téméraire* (1814) *(Charles, o Temerário)*. Em certo ponto do prefácio desta última obra, ele escreve ainda:

> Seja lá o que for que se diga do melodrama e dos abusos aos quais ele se entrega, eu jamais busquei o sucesso por meios irregulares. Eu os percebi em diversos dramas líricos, tais como *Le Déserteur (O Desertor), Richard* etc., mas nunca acreditei que devesse usar estas licenças para com elas dar um mau exemplo aos teatros secundários.

Estes mesmos escrúpulos apareceram em *Christophe Colomb* (1815) *(Cristóvão Colombo)*; o assunto, entretanto, podia se prestar a todas as audácias. Pixerécourt insiste sobre o fato de que sua "peça dura apenas vinte e quatro horas" e reafirma seu desejo de seguir a regra das três unidades.

Caigniez, por sua vez, também procurava "evitar tudo o que pudesse ferir a decência teatral" (*Courrier des Spectacles*, 6/1/1806) e Cuvelier, na nota que precedia *Adolphe de Halden* (1813), desculpava-se por ter feito com que a ação de seu drama se desenvolvesse em "trinta e seis horas de duração". Os autores de *Bandoléros* (1805) *(Bandoleiros)*, Pitt e Bié, marcaram precisamente, em seu prefácio: "A ação se passa das cinco horas às oito horas da noite". Encontramos mais ou menos as mesmas indicações em *Kosmouck ou les Indiens à Marseille* (1801) *(Kosmouck, ou os Índios em Marseille)*, de Perrin e Ribié, *La Fausse Marquise* (1805) *(A Falsa Marquesa)*, de Dubois e Montgobert, *Quatorze ans de souffrance* (1806) *(Quatorze Anos de Sofrimento)*, de Redon des Chapelles e Defrénoy, ou em *Romulus* (1807), de Lamey.

Os críticos do Império, frequentemente pouco amenos no que se referia ao melodrama, reconheciam os méritos do gênero neste aspecto, como se pode observar nos comentários de Lepan, no *Courrier des Spectacles*, a propósito de *L'Homme à trois visages* (1801), de *La Femme à deux maris* (1802), e de *Maures d'Espagne* (1804) *(Mouros da Espanha)*; ou de Pujoulx, na nota precedente a *Le Pèlerin blanc* (1801) *(O Peregrino Branco)*. Geoffroy escreverá, ainda, que se encontrava no melodrama "comumente, mais regularidade e verossimilhança do que em muitas peças que se autoproclamam regulares".

De fato, e paradoxalmente, o melodrama clássico, drama dos encontros fortuitos e do desfecho rápido das crises (cujos fios foram atados vinte anos antes) se acomodava bastante bem a um certo retraimento espacial e temporal. Na maior parte do tempo, o autor, nas rubricas iniciais, delimitava um perímetro preciso: a variedade de cenários se construía então na alternância de cenas de interior e de exterior, descrevendo um mesmo lugar, mais ou menos amplo "num espetáculo que o olho possa abarcar sem esforço" (Voltaire).

As primeiras alterações graves destes princípios de unidade dramática aparecerão aproximadamente em 1815 e eles se multiplicarão com o aparecimento do melodrama em quadros, que abandonará a divisão em três atos – adotada anteriormente pelo gênero com inspiração na divisão da ópera, e cuja estrutura, suprimindo-se dois entreatos, convinha às técnicas espetaculares do gênero e à inserção de elementos musicais – em proveito de uma repartição em numerosos quadros, num espetáculo que passa a ter uma duração de cinco atos.

O Monólogo

Pode-se distinguir dois tipos de monólogos, ao mesmo tempo necessários e esperados, colocados em cena pelas convenções do melodrama clássico: o monólogo recapitulativo e o monólogo patético. O primeiro se impõe na estrutura, no começo do primeiro ato, dada a necessidade de apresentar ao espectador as numerosas peripécias que precederam o início da intriga; ele aparecerá novamente, ao longo do drama, sempre que uma situação emaranhada obrigue a lembrar o sentido da trama. São de modo geral os personagens dramaticamente neutros, como o ingênuo ou a doméstica que utilizam este gênero de monólogo. O segundo tipo de monólogo tem um papel menos funcional, mas também essencial: ele serve para suscitar e manter o *pathos*, seja o do vilão, que depois de mentir para todas as outras personagens diz a verdade ao público e traz à luz o negrume de sua alma ou seus remorsos (o monólogo de Truguelin, em *Coelina*, durante longo tempo serviu de modelo para este fim), seja o da vítima, que se lamenta e invoca a Providência, com trêmulos de orquestra e reticências no texto.

Notar-se-á, também, no melodrama, um número elevado de *à partes*, geralmente usados pelo vilão, para manter o espectador a par das complicações da intriga e de suas verdadeiras intenções.

O Título

"Para fazer um bom melodrama, escrevia Hapdé, um dos mais célebres melodramaturgos da época, é suficiente ter um título e privilegiar o efeito". Ainda que este texto, redigido em 1815, se intitule *Plus de mélodrames (Os Maiores Melodramas)*, e jogue com a contradição ele não é menos revelador da importância do título na concepção dos melodramas. "Os autores, escrevia por sua vez o *Le Courrier des Spectacles*, conhecem o poder das palavras.

Um nome extraordinário é uma espécie de talismã para a multidão. Sua imaginação saboreia de antemão, forja mil ideias singulares e confusas".

Os melodramas históricos, em sua maioria, traziam em seu título o nome do herói (*Hariadan Barbaruiva, (Marguerite d'Anjou, O Marechal de Luxemburgo)*, completado, algumas vezes, pelo episódio que o tivesse popularizado (*Charles o Temerário, ou o Centro de Nancy, Felipe Augusto à Bouvine*). Em outros tipos de melodrama, preferiu-se associar o nome da heroína ao patético de sua condição (*Elmonde ou a Filha do Hospício, Alméria ou a Escocesa Fugitiva*), mencionar o lugar pitoresco ou grandioso onde se desenrolava a ação (*O Pequeno Sineiro, ou a Torre Tenebrosa, Os Bandoleiros, ou o Velho Moinho*), ou ainda a catástrofe que finalizava o drama (*O Colosso de Rhodes, ou o Terremoto da Ásia*).

Na realidade, todas as combinações eram possíveis nestes longos títulos que sublinham o interesse das situações, das peripécias e da encenação, para atrair a clientela que lia os cartazes (atribui-se geralmente a Ribié a redação dos primeiros cartazes de grandes caracteres). No prólogo de uma pequena comédia de Scribe e Dupin, *Les Inséparables* (1825), vê-se um burguês de Paris, Senhor Coqueret, ser seduzido pelo cartaz da peça: "Palavra de honra, diz ele, morro por ver *Os Inseparáveis* [...]. Que belo título [...] como ele fica bem no cartaz [...]. Certamente a peça deve ser boa". Se esta nova prática de leitura de cartazes tornava-se assunto da comédia é certamente porque era uma prática recente e caricatural. O espetáculo começava, com efeito, na rua, com o título e o cartaz (sempre bastante completo, dava o nome do autor, do responsável pelo balé, do maestro) desempenhando, em suma, o papel de chamariz eloquente do que se desenrolaria em cena.

No momento do sucesso de *Coelina* e dos melodramas que lhe seguiram imediatamente, chamava-se também de melodrama às peças fantásticas que buscavam prolongar a tradição do *Moine (Monge)* ou do *Château du Diable (Castelo do Diabo)*; estas produções, entretanto, não alcançaram quase nenhum sucesso, só obtendo uma certa simpatia no momento da Restauração e do nascimento do romantismo no teatro, com uma peça como o *Vampire* (1821), de Nodier.

Sob o Império, estas peças, nas quais o maravilhoso mistura-se ao aterrorizante, transformaram-se em comédias feéricas, das quais a mais célebre foi sem dúvida *Le Pied de Mouton* (1806) *(O Pé de Carneiro)*, de Ribié e Martainville. Estas produções, que nas brochuras traziam frequentemente o nome de melodrama, utilizavam-se mais deste expediente com a finalidade de dar, ao nome melodrama, o sentido de uma promessa do espetacular do que para definir um gênero preciso. Hapdé observa a respeito, com bastante justeza, em um de seus escritos:

> O famoso *Pied de Mouton*, e outras farsas semelhantes, atraíram toda Paris e produziram receitas enormes, há seis ou sete anos. Eram melodramas? Não; eram simplesmente antigas pantomimas de Nicolet com novas roupagens e nas quais foi espalhado um diálogo engraçado.

O personagem cômico tornava-se aí personagem principal e essas peças voltavam-se francamente para o vaudevile, na tradição do estilo chulo e grosseiro de *Madame Angot au sérail de Constantinople* (1800) *(Madame Angot no Harém de Constantinópla)*, de Aude.

A estrutura dessas comédias aparenta mais à mágica ou ao vaudevile que ao verdadeiro melodrama, que sob o Império seguirá essencialmente duas inspirações principais. Uma delas, o mais das vezes em conformidade à temática do drama burguês e da comédia lacrimejante, evocará principalmente os dramas de famílias: heranças, casamentos secretos, desonras, desprezos, roubos, crianças perdidas e reencontradas; a outra, prolongando os ideais da tragédia e do drama histórico, situará esta mesma temática num contexto histórico ou heróu, sublinhando o aspecto espetacular do retorno ao passado, do exotismo e da encenação. Esta distinção entre melodramas burgueses e melodramas históricos e heroicos, pertinente para um bom número de peças, não o é, entretanto, para todas, já que de modo geral o melodrama soube, habilmente, dosar seus componentes (dando também às peças "burguesas" um caráter espetacular), segundo um arcabouço geral que se manteve no melodrama clássico, malgrado as aparências, extremamente rígido. Como o observou judiciosamente um crítico da época, a propósito de *La Citerne (A Cisterna)*, de Pixerécourt: "O melodrama tem por base o triunfo da inocência oprimida, a punição do crime e da tirania: a diferença encontra-se nos meios que levam a este triunfo e a esta punição".

A Temática

Um artigo de 1823 do *Journal des débats*, que comentava *La Pauvre Orpheline (A Pobre Órfã)*, de Caigniez e Paccard, definia, em poucas linhas, os elementos principais da temática dos melodramas clássicos:

O interesse deste melodrama apóia-se na mesma base na qual se apoiaram todos os melodramas passados, presentes e futuros; vê--se ali um opressor e uma vítima, um poderoso celerado que abate a fraqueza e a virtude até o momento em que o céu se manifesta a favor do inocente e fulmina o culpado. Tudo isso não é exatamente novo, mas há nos corações dos frequentadores do bulevar um inesgotável impulso de justiça e de humanidade. Todos os dias eles têm novas lágrimas para a jovem perseguida e transportes de entusiasmo para a punição do monstro, que sacrifica com suas paixões os direitos mais sagrados da natureza.

A Perseguição

O tema da perseguição é o pivô de toda intriga melodramática. A distribuição maniqueísta das personagens opera-se, assim, em função do vilão, que personifica esta perseguição. Antes de sua chegada, o mundo do espetáculo é ainda harmonioso; após sua punição os mal-entendidos se dissipam, as famílias se restabelecem, tudo, enfim, retorna a uma ordem cujo equilíbrio ele havia rompido ao longo de aproximadamente três atos.

As peripécias dramáticas, que no século XIX eram chamadas "entrecho" e que acompanhavam a perseguição da vítima, exalavam um senso patético violento, cuja intensidade crescia na exata medida do desenvolvimento das cenas. O momento em que a vitória do vilão parecia definitivamente conquistada era aquele em que a Fatalidade, transformando-se em Providência, intervinha para ministrar-lhe um castigo exemplar e consagrar a vitória da virtude sobre o vício.

Poder-se-ía, assim, corrigir ligeiramente a fórmula proposta por Ginsty para definir a arquitetura melodramática: "o primeiro ato consagrado ao amor, o segundo à infelicidade, o terceiro ao triunfo da virtude"[1], atribuindo a maior parte à pintura da infelicidade (o esclarecimento, nos melodramas clássicos, é voltado sobretudo, para a vítima, nas formas posteriores, ele será referente ao vilão). O desenvolvimento excessivo deste tema poderia possibilitar o raciocínio, como sugere Mircea Eliade para os contos de fadas, que o melodrama seria também um "duplo dos mitos iniciáticos". O herói (ou heroína) segue, com efeito, um percurso semeado de obstáculos que o tornará melhor e ao mesmo tempo reconhecido ante a divindade. Mas sua vontade está em jogo tanto quanto a da Providência e elas se conjugarão na última cena do último ato para confundir o vilão e expulsá-lo do círculo dos venturosos.

Os diferentes desenvolvimentos do tema da perseguição permitirão ao melodrama expressar uma de suas qualidades primeiras: a imaginação, que joga mais com as peripécias que sobre os motivos da ação, sempre idênticos: a vingança, a ambição, o dinheiro, raramente o amor.

Com efeito, a imaginação e as variações do imaginário melodramático, entre os mais ricos da literatura, estão

---

1. Paul Ginsty. *Le Mélodrame*, Paris, Michaud, 1911, p. 15.

inteiramente a serviço do tema da perseguição, tema de ressonâncias fáusticas que representa a luta das forças do bem e do mal no teatro do mundo e no palco do melodrama. No último ato, a justiça imanente acaba sempre por ter a última palavra, no sentido estrito e no figurado, já que a maior parte dos melodramas termina com uma máxima moral. Tudo é acaso no melodrama, mas acaso enquanto "contingência radical" como dizem os filósofos (Lefevbre), dirigido por uma potência metafísica que age na maior parte do tempo sob o nome de Providência e que alguns personagens chamam Deus. O ateísmo é, inclusive, um dos sinais pelos quais se reconhece o vilão.

De fato, a forma de desenvolvimento deste tema trai uma concepção religiosa do mundo e a convicção profunda do triunfo dos bons sobre os maus. Após os sangrentos episódios da Revolução, da descoberta da precariedade dos laços familiares e econômicos, a ética melodramática, por uma sobrecarga de aventuras e de patético, reencontra no conteúdo e na forma um tipo de primitivismo teatral ao mesmo tempo mítico, épico e compensador.

O Reconhecimento

Se o tema da perseguição se desenvolve ao longo da quase totalidade dos três atos, o do reconhecimento intervém apenas nas últimas cenas, ou nos finais dos atos. É por meio do, ou dos reconhecimentos que se encerra a perseguição e que se assinala com "a voz do sangue" ou "a cruz de minha mãe", o clímax patético do drama, acentuado ainda pela utilização do *quadro vivo* que, na encenação, fixa os personagens sublinhando o efeito com trêmulos da orquestra. A esse respeito, Chamfort e Lacombe escreveriam, em 1808, em seu *Précis d'art téâtral dramatique*:

Ah! Minha mãe! Ah! Meu filho! Ah! Meu pai! Ah! Minha irmã! Bastam quase que apenas estas exclamações para que se sigam nossas lágrimas e, sem nos embaraçarmos caso este reconhecimento se assemelhe a outros, nem mesmo se ele se desenvolveu com um mínimo de verdade, deixamo-nos arrastar pela emoção dos personagens; pois quanto mais estão eles emocionados, menos deixam espaço para que se saiba se têm razão de o estar.

O reconhecimento assinala também um retorno ao ponto zero do começo e à atonia dramática, pela erradicação do vilão. A "voz do sangue" é ainda, por outro lado, uma das formas da Fatalidade: ninguém pode escapar-lhe. Ela cria um jogo de preparação patética e dramática frequentemente utilizada no melodrama: o pressentimento. O reconhecimento pressentido e esperado será então retardado ao máximo possível, geralmente até o fim do terceiro ato, quando coincidirá com a obra da justiça. A perseguição mantém o suspense; o reconhecimento retira-o brutalmente e quanto mais rapidamente ele se dá, mais o patético da situação é poderoso.

Como assinalava um crítico do *Temps*, os equívocos do melodrama jogam com fatos (cartas extraviadas, perdidas, reencontradas; encontros desmarcados, falsos endereços) ou com pessoas (substituição de crianças, semelhanças fortuitas ou premeditadas, usurpações de qualidades ou de títulos). O reconhecimento corrige, em suma, esta série de enganos que possibilitaram o desenvolvimento da intriga e sobre cuja originalidade repousa, efetivamente, o interesse anedótico do melodrama.

Esta obsessiva bipolaridade temática da perseguição e do reconhecimento, todavia, não prejudica em nada o gênero; pelo contrário, é ela que dá ao melodrama sua dinâmica própria: uma longa escalada do patético, escandido pelas fortes cenas de perseguição, seguida de uma brusca queda da tensão e da pacificação dada pelo reconhecimento. "Encontrei uma mãe querida e um pai adorado, para ficar com eles para sempre! Os malvados não nos atormentarão mais e nós todos seremos felizes", diz o personagem Isaac, em *Le Sacrifice d'Abraham* (1816) *(O Sacrifício de Abraão)*, de Cuvelier. Nesta técnica dramática, é menos o trágico o que se procura suscitar, e muito mais, ao mesmo tempo, o patético, a sensação e o sensacional.

O Amor

O melodrama clássico coloca deliberadamente o desenvolvimento das intrigas amorosas em segundo plano. O amor prejudicaria a divisão maniqueísta da humanidade tal como a propõe o gênero. Os críticos da época eram-lhe eventualmente simpáticos por esta originalidade. O *Journal de l'Empire*, por exemplo, assim escreveu a respeito de *La Forteresse du Danube* (1810) *(A Floresta do Danúbio)*, de Pixerécourt:

> O autor [...] descartou de sua obra as batidas intrigas de amor e de casamento que ordinariamente formam o desfecho de todas as peças de teatro: a palavra amor não é ali nem sequer pronunciada. A gratidão, o vivo reconhecimento e a devoção filial tão somente, formam o ornamento e o charme da peça.

Na ética melodramática, com efeito, o amor-paixão é uma falta contra a razão e o bom senso, um fator de desequilíbrio pessoal e social que toca essencialmente vilões e tiranos, como por exemplo Zamosky em *As Minas da Polônia* (1803), de Pixerécourt. Nesse contexto, a paixão devastadora provoca crimes sem perdão (Loredan, em *Le Belvéder ou la Vallée de l'Etna* (1818) *(O Mirante, ou o Vale do Etna)*, de Pixerécourt. "Que o amor não seja mais que o descanso do herói, pois ele apaga o valor quando o antecede", diz Palmerin em *Le Solitaire des Gaules* (1813) *(O Solitário de Gales)*, de Victor Ducange.

Na escala de valores melodramáticos, o amor é colocado muito aquém do senso de honra, do devotamento patriótico e do amor filial ou maternal. Mesmo nos vilões, ele se reduz a gestos e palavras que mal mascaram o real desejo de se apropriar de um dote ou de uma herança. Nos jovens pares amorosos, sua expressão se limita a alguns clichês e fórmulas usuais. À pintura do amor-paixão, o melodrama prefere a expressão patética do amor maternal e filial contrariado, com as separações, os dilaceramentos e o reconhecimento.

Após 1815 entretanto, sob a pressão da sensibilidade romântica, os melodramas, mesmo os de Pixerécourt, dão cada vez mais importância à pintura dos amores infelizes, como se pode observar em *Valentine* (1821), *L'Evasion de Marie-Stuart* (1822) *(A Fuga de Marie-Stuart)*, ou *Alice ou les Fossoyeurs écossais* (1829) *(Alice, ou Os Coveiros Escocêses)*.

Os Personagens

Segundo o melodrama clássico, a divisão da humanidade é simples e intangível: de um lado os bons, de outro os maus. Entre eles, nenhum compromisso possível. Esses personagens construídos em um único bloco representam valores morais particulares. Como assinalou Souriau, há, no gênero melodramático, "uma identificação das funções dramáticas com os caracteres". Esta identificação é facilitada ainda pela aparência física e o gestual dos personagens, que devem muito à fisiognomonia de Lavater, cujas teorias eram no momento muito populares. Por outro lado, através dos personagens secundários são dados aos espectadores os elementos que lhes permitirão reconhecer e classificar os personagens principais. O processo se completa por uma representação muda bastante codificada e uma frase musical particular que anuncia e acompanha a entrada em cena de cada personagem. Compreende-se, aqui, a predileção do melodrama pelos personagens mudos, cuja linguagem mímica convinha a esta ética simplificada. Apenas o vilão, por sua relativa complexidade, utilizava-se, eventualmente, de jogos de linguagem.

Os personagens do melodrama são *personae*, máscaras de comportamentos e linguagens fortemente codificadas e imediatamente identificáveis. Esta tipologia caracterizada pela fixidez dos tipos reduz-se a algumas entidades principais: o vilão, a vítima inocente, o cômico; e outras secundárias, como o pai nobre, ou o protetor misterioso.

O Vilão

Pode-se distinguir alguns tipos gerais de vilões dos melodramas e alguns tipos particulares, mais episódicos. No melodrama burguês, o vilão pode se apresentar sob a aparência de um "gênio mau da família", que depois de muito tempo no lugar corrompe com sua influência o filho da casa, como Grimaldi, em *La Chapelle des Bois ou le témoin invisible* (1818) *(A Capela de Madeira ou a Testemunha Invisível)*, de Pixérécourt e Rougemont. Os melodramaturgos preferiam entretanto colocar em cena a chegada inopinada de um vilão detentor de um segredo que comprometeria o herói ou a heroína. Sua aparência física é estereotipada: "Cabelos negros, olhos cinzentos, rosto pálido", como Walter, em *Thérèse* (1820), de Ducange. Segundo as cenas, eles murmuram ou giram os olhos lançando imprecações, numa voz cavernosa e sepulcral. São geralmente ateus, frequentemente estrangeiros, marginais, forçados ou desertores do exército de Napoleão na Grande Armada. Sempre presos no momento em que se pensava que iriam triunfar, eles entretanto, só raramente sofrem o castigo supremo. De modo geral, seu final é partir entre dois policiais.

O outro tipo geral de vilão no melodrama burguês é o do "fidalgo malvado", que apresenta um outro aspecto físico e frequentemente traz todas as aparências de honestidade e de grandeza. Rapidamente, todavia, ele desvela sua presunção, seu orgulho e sua crueldade, como por exemplo o Barão de Lérac, em *La Cabane de Montainard* (1818) *(A Cabana de Montainard)*, de Victor Ducange. Seu fim, após um monólogo no qual eles trazem à luz seus remorsos ou a negritude de sua alma, será mais violento do que o dos precedentes: ocorrerá após um combate, um duelo ou, mais seguidamente ainda, eles serão aniquilados por uma catástrofe natural.

Ao gênio mau da família e ao grande senhor malvado correspondem, no melodrama histórico, o "conspirador" e o "tirano". O conspirador cujo modelo poderia ser Amaldi, de *L'Ange tutélaire ou le Démon femelle* (1808) *(O Anjo Protetor ou a Mulher Demoníaca)*, de Pixerécourt, fomenta complôs contra um soberano clemente e magnânimo. A intriga consiste então em descobrir e seguir as maquinações de um indivíduo que parece possuir o dom da ubiquidade. Hábil em deslizar à noite com uma grande capa escura, em tudo saber e em tudo vigiar, ele parece agir apenas por ambição ou vingança. Para alcançar seus fins ele apela para esbirros ou bandidos e será descoberto durante uma festa ou um baile de máscaras. Outro tipo, o tirano sanguinário, é mais convencional e também mais ambíguo, como Haroun, em *Les Ruines de Babylone ou Giafar e Zaïda* (1810) *(As Ruínas da Babilônia, ou Giafar e Zaïda)*, de Pixerécourt. Personagens de contrastes, ao mesmo tempo benevolentes e brutais, eles geralmente terminam por se corrigir e tornam-se monarcas modelares. Outros tipos de tiranos parecem mais inconsistentes, sobretudo quando são apaixonados e entram em conflito com o jovem galã, como por exemplo Ranucio Zapador em *La Petite Bohémienne* (1816) *(A Pequena Boemia)*, de Caigniez. Estes terminam nos calabouços ou morrem num duelo ou numa batalha. É necessário notar que nenhum destes tipos de tiranos são franceses. Os mais sanguinários são ingleses, como Richard de Gloucester em *Marguerite d'Anjou* (1810), de Pixerécourt; os mais amorosos, italianos, como Aymar, em *Le Fanal de Messine* (1806) *(O Farol de Messina)*, de Pixerécourt; os mais bobos, espanhóis e os mais cruéis, mas que mais se arrependem também, são orientais.

Existem ainda no melodrama alguns outros tipos particulares que são, todavia, pouco comuns: o vilão que se arrepende – Bertome, em *Vincent de Paule ou l'Illustre galérien* (1815) *(Vincent de Paula, ou o Célebre Condenado às Gales)*, de Lemaire – utilizado em melodramas nos quais a clemência do herói deve ser sublinhada; a mulher "vilã" – Mme Durmer em *L'Inconnu ou les mystères* (1822) *(O Desconhecido, ou os Mistérios)*, de Varez, Boule, Mathias e Morisot – muito rara no melodrama de modo geral, que dá às mulheres o papel de guardiãs das virtudes familiares; o vilão que se redime ajudando o herói – Zimmeraff em *L'Homme de la Forêt noire* (1809) *(O Homem da Floresta Negra)*, de Boirie e Dupetit-Méré – ou o vilão que o é por ciúmes, gordo e avaro, como Bailli, de *La Pie voleuse* (1815) *(A Ladra Pia)*, de Caigniez. Excepcionalmente, ainda, alguns melodramas não apelarão para o personagem do vilão.

Enfim, os bandidos, o confidente do vilão, os traidores completam esta panóplia, sendo todos, entretanto, comparsas de segundo plano: o vilão principal do melodrama será sempre um solitário. A justiça final parece efetivamente mais forte se ela se abate sobre somente um culpado: sua dispersão anularia os efeitos dramáticos.

O vilão, pela perseguição que exerce sobre sua vítima, é o agente principal do melodrama. Sem suas manobras, a intriga perde o essencial de sua natureza: o desfecho sem castigo não contenta um público ávido de compensação e que espera o vilão à saída do teatro para vaiá-lo.

A Inocência Perseguida

As personagens que sofrem a perseguição do vilão apresentam menor variação de comportamento: sua função dramática é essencialmente fazer frente às situações terríveis que suscitam um suspense patético e, de modo geral são as mulheres e crianças que desempenham melhor esse papel de vítimas.

No melodrama clássico, a mulher é a encarnação das virtudes domésticas. Da sanfoneira Fanchon até Jeanne Fortier desenha-se, ao longo do século dezenove, um retrato da mulher exemplar suportando, com toda a coragem, ultrajes e afrontas. A heroína do melodrama é a esposa, mas é sobretudo a mãe que algo ou alguém separa de seus filhos. Belas, bondosas, sensíveis, com uma inesgotável aptidão para sofrer e para chorar, elas sofrem uma dupla submissão, filial e conjugal, e as consequências de atos irreparáveis: maldições paternas, violações, casamentos

42

secretos... Em geral elas superam os homens em devotamento e generosidade (Alexandra, de *Tékéli*) e é apenas em 1815 que começarão a aparecer as paixões devastadoras e os adultérios femininos.

Mas é com a imagem das crianças abandonadas no frio e na solidão que o patético terá entretanto sua expressão mais forte: do *Pèlerin blanc* ao *Deux Gosses (Dois Rapazes)*, passando por *As Duas Órfãs*, as crianças despertarão nos palcos do bulevar o que Mauron chamaria "a angústia do abandono". Elas são geralmente duas, a mais velha desempenhando, junto à mais nova, o papel protetor dos parentes perdidos. Abandonadas, entregues à sua própria sorte, expostas à perseguição de pessoas brutais, graças a seu ingênuo e bom coração e a seu heroísmo, depois de uma longa e errante jornada, elas reencontram a célula familiar, aqueles que as haviam perdido ou rejeitado. Com efeito, o aprisionamento ou a errância do herói são temáticas constantes no melodrama. Trazendo em si os sinais que possibilitarão seu reconhecimento, as crianças serão então os heróis das cenas de reencontro.

Só raramente o herói perseguido é um homem, a não ser no melodrama heroico ou em alguns melodramas burgueses nos quais um filho recebe uma maldição paterna em consequência de mal entendidos ou de uma falta inicial da qual ele se redime por sua boa conduta.

A característica essencial de todo herói de melodrama é a de ser puro e sem manchas, e de opor às obscuras intenções do vilão uma virtude sem defeitos. Um dos heróis de *La Chaumière du Mt Jura ou Les Bûcherons suisses* (1806) (*A Cabana do Mt Jura ou os Lenhadores Suíços*), de Dupetit – Méré, traça seu retrato:

> O infortunado que recomendo hoje à sua sensibilidade é, sob todos os aspectos, digno de sua piedade: os numerosos infortúnios que padeceu não são nem resultado de seus erros nem fruto de alguma má conduta; além de possuir as qualidades que elevam o homem acima de seus semelhantes, ele possui também as virtudes sociais: bom pai, bom esposo, filho terno, amigo zeloso, protetor

dos fracos, inimigo dos maus, ele respeitou a virtude em todos os lugares em que a encontrou; cumulou os desfavorecidos com sua benevolência e seu nome é lembrado com respeito e admiração por todos os que o cercam. Se a felicidade fosse sempre o quinhão das almas puras, ninguém mais que ele poderia pretender almejá-la por toda a eternidade; mas o homem virtuoso e confiante não suspeita que existam seres que desejem sua perda; homens que, como répteis peçonhentos cuja picada é mortal, destilam o veneno da calúnia e preparam na sombra o crime que causará a perda do inimigo que detestam: tal foi a sorte do infeliz cuja causa defendo junto ao senhor.

O melodrama se encontra, assim, inteiramente voltado para o enfrentamento de personagens de comportamento estereotipado e perfeitamente inserido num ritual cênico convencional cujas regras, de todos conhecidas, facilitam a leitura. Um terceiro tipo de personagem traz, entretanto, alguma diversão ao conflito: o cômico.

O Personagem Cômico

Este tipo de personagem tornou-se, no melodrama clássico, uma convenção necessária: alguns melodramas, por tentarem retirá-lo, chegaram mesmo a conhecer relativo insucesso, como por exemplo *Les Maures d'Espagne* (1804) *(Os Mouros da Espanha)*, de Pixerécourt.

Efetivamente, mais que uma mistura de gêneros que joga com as situações a partir do conjunto de personagens dramáticos, o melodrama pratica uma forma de justaposição de gêneros, deixando ao personagem cômico a missão de intervir imediatamente depois, ou pouco antes das cenas mais patéticas. A dificuldade para o melodramaturgo é assim a de reduzir o artifício desta inclusão cômica. Estes personagens cômicos poderiam ser classificados em quatro grandes categorias: as matronas, os "matamouros", os soldados e o bobo.

As matronas, herdeiras de Madame Angot e do estilo popularesco, são bem pouco solicitadas no melodrama, pois entram em desacordo com a ética matriarcal do gênero. Poderíamos entre elas, todavia, citar a interessante personagem Béatrix, em *Robinson Crusoé*. Os matamouros, também pouco numerosos, são utilizados sobretudo no melodrama histórico. Presunçosos e poltrões eles aparecem como o duplo paródico do herói, despertando piadas do público tanto por si mesmos como por seu contraponto ao herói. Já os soldados são bastante numerosos na intriga: em geral veteranos da Grande Armada[2], algumas vezes mutilados, são resmungões de bom coração, que se gabam de serem militares e lançam imprecações enquanto dirigem um pequeno grupo de domésticos com aforismos de caserna. São eles que trazem e organizam as festas e os balés e que, por sua presença de espírito, frequentemente ajudam o herói a sair de situações inextrincáveis. Eles despertam o riso da simpatia mais do que o da zombaria. Suas intervenções cômicas passam também, bastante, pela linguagem; além disso possuem, eles próprios, nomes apelativos como Latreille[3], Bombarde[4] ou... um dos mais conhecidos: o Latrombe[5] de *Robinson Crusoé* (1805), de Pixerécourt. É necessário, a propósito desses nomes, notar o papel fundamental da antroponímia e da onomástica em geral no melodrama e em toda a literatura popular, papel que reencontramos também nos bobos, que se chamam Bétioso[6], Innocent, Macaroni. Estes por sua vez são ingênuos confusos e rústicos, e se situam no duplo registro do cômico de linguagem e do cômico de situação. Ridículos no amor, eles são tão medrosos que fogem ao menor alarme dizendo bobagens em linguagem camponesa ou em uma algaravia qualquer. Sua inabilidade os leva a se meterem em situações que não conseguem resolver. Algumas vezes, mas bem raramente, eles traem por imprudência, como o Peters, de *L'Homme de la Forêt noire*. Apenas um entre eles

2. Nome dado ao Exército de Napoleão.
3. Derivado de *treille*, parreira, e indicando provavelmente o hábito de bebedor de vinho do personagem.
4. Nome de antiga máquina de guerra.
5. Derivado de *trombe* e possivelmente referindo-se ao caráter explosivo e/ou violento do personagem.
6. Relativo a animal (besta), usado no sentido de idiota.

acede a uma verdadeira originalidade tanto em sua concepção quanto pela forma com que é utilizado na intriga: é o Pícaros, de *La Citerne*.

O Pai Nobre, o Personagem Misterioso, os Animais

Herdeiros diretos dos burgueses barrigudos da comédia, os pais nobres dos melodramas são bastante convencionais. Seu papel é essencialmente o de proferir sentenças morais. Alguns deles, pais indignados, estão sempre prontos a lançar rapidamente sua maldição. Mais tarde, durante o século XIX, este tipo de papel será desempenhado pelos eclesiásticos, confidentes da virtude ultrajada.

Aparece também no melodrama clássico, mas com uma frequência menor do que nas peças românticas, o personagem misterioso que tudo sabe, que tudo vê, usufruindo uma certa ubiquidade e chegando sempre na hora certa para salvar a inocente, como em *L'Ange tutélaire ou le Démon femelle* (1808), de Pixerécourt.

Enfim, o melodrama, na tradição direta de Nicolet e do Cirque Olympique, coloca em cena numerosos animais, tanto assim que em 1806, quando da representação de *L'Ours blanc (O Urso Branco)* (melodrama-mágica--vaudevile), de Charrin, o jornal *Le Courrier des Spectacles* escreveu: "Se não nos cuidarmos, em breve uma parte de nossos teatros será transformada em zoológico". A utilização de animais em cena, sempre complexa sobretudo por se tratar de animais verdadeiros, respondia a duas funções dramáticas: por um lado, criar o terror ou o espanto, como em *La Bête du Gévaudan* (1807) *(A Besta do Gévaudan)*, de Pompigny, por outro, fazer participarem diretamente da intriga os animais domesticados. Os mais célebres entre eles foram as pombas portadoras de mensagens de *Clémence d'Entragues* (1810), de Coffin-Rosny; de *Elizabeth du Tyrol* (1804), de Hapdé; *Le Pie voleuse* (1815) *(A Ladra Piedosa)*, de Caigniez e sobretudo *Le Chien de Montargis* (1814) *(O Cão de Montargis)*, de Pixerécourt. Ainda que nesta última o papel do cão se limitasse a algumas habilidades bastante simples, a peça obteve um sucesso extraordinário não apenas na França mas sobretudo na Inglaterra onde ela relançaria a moda dos "dogdramas".

Este conjunto de temas e de personagens era organizado dentro de um *canevas* que durante aproximadamente quinze anos não conheceu grandes modificações. O começo do primeiro ato era só felicidade; então chegava o vilão. Seguiam-se até o fim do terceiro ato as peripécias da perseguição, com um crescimento do patético e uma alternância de cenas calmas (balé, música, *intermezzos* cômicos) e de cenas violentas (duelo *aux quatre coups*[7], batalha, catástrofe natural). Após os remorsos do vilão e seu castigo, a calma e a harmonia voltavam. A última cena acabava com uma copla cantada e um apotegma moral. Romain Rolland, em *Le Théâtre du Peuple*, assim resumia, no fim do século, a organização geral das intrigas deste teatro popular:

> Pegue-se dois personagens simpáticos, um como vítima, outro sempre pronto a ajudar, um personagem odioso para pagar o pato no final da farsa sinistra: introduza-se aí algo de grotesco [...] qualquer cena supérflua escolhida ao acaso na observação cotidiana [...] entremeie-se a isso alusões às questões políticas, religiosas ou sociais do momento; misture-se o riso e as lágrimas; coloque-se uma música de fácil refrão. Cinco atos e poucos entreatos: eis a receita[8].

A Moralidade do Melodrama Clássico

Num momento da história onde se observa, ao mesmo tempo, um enfraquecimento e um alargamento da cultura, os melodramaturgos ensejaram, deliberadamente,

---

7. Expressão própria das encenações grandiosas dos dramas populares e espetaculares do século XIX. Designa um duelo ou um combate quase sempre barulhento e decisivo, cheio de reviravoltas, que ocupava todo o palco.

8. Romain Rolland. *Le Théâtre du Peuple*, Paris, Fischbacher, 1904, p. 119.

assegurar-se uma missão moral e civilizatória. Pixerécourt escreveu no prefácio de seu *Théâtre choisi*: "Foi com ideias religiosas e morais que me lancei na carreira teatral". Os ideais didáticos e sociais deste teatro que, sob vários aspectos, pode parecer como um resultado da filosofia roussoniana, ensinam que o sentimento purifica o homem e que a plateia se acha melhor à saída de um melodrama. Nodier atribuía ao melodrama a baixa criminalidade sob o Império e gostava de contar:

esta história profunda de um testemunho em matéria criminal, que contava que alguém havia proposto a outrem um crime e, diante da proposta, o interlocutor bradara: "Infeliz, você então nunca foi ao Gaîté! Você então nunca viu representar uma peça de Pixerécourt!"[9].

A abnegação, o gosto do dever, a aptidão para o sofrimento, a generosidade, o devotamento, a humanidade são as qualidades mais praticadas no melodrama, juntamente com o otimismo e uma confiança inabalável na Providência: a Providência que ajudará sempre aquele que souber ajudar-se a si mesmo. Em *Baudoin de Jérusalem ou les Héritiers de la Palestine* (1814) *(Baudoin de Jerusalém, ou os Herdeiros da Palestina)*, de Boirie e Chandezon, um herói diz: "Nossos perigos são grandes, sejamos maiores que eles e, lutando com coragem, mostremo-nos dignos de vencê-los". Esta Providência, Deus do melodrama, coloca a moral acima dos dogmas, incita a uma prática da tolerância na vida religiosa, como em *Hariadan Barberousse* (1809), de Saint-Victor e Labenette, na qual não deixa entretanto de provocar uma catástrofe natural que aniquila os maus. A moral do melodrama procura, além disso, reabilitar a família e a pátria. "Lembremo-nos, diz um outro herói, em *Herman et Sophie* (1805), de Cuvelier, de que não há verdadeira felicidade para um esposo a não ser ao lado de sua mulher e de seus filhos, no seio de uma família cujo

9. C. Nodier, op. cit., p. VI.

48

amor ele merece por suas virtudes"; ela ensina ainda necessidade da manutenção da hierarquia social, o devotamento incondicional do servidor a seu patrão, do soldado a seu chefe. O melodrama servirá também, ao longo de todo o Império, de "agenciador de novos recrutas", apresentando magníficos espetáculos históricos e militares; além disso, em muitos melodramas os personagens de bravos soldados não cessam de repetir que servir nos quadros da Grande Armada é a maior das felicidades e das honras. A esse respeito, Pixerécourt escreveria no *Livre des Cent-et-un (Livro dos Cento e Um)*:

> Não podemos negar ao melodrama a justiça de reconhecer que é ele que nos reconta melhor e mais frequentemente os assuntos nacionais, gênero de espetáculo que deve ser representado em todos os lugares. Ele dá à classe da nação que mais deles necessita belos modelos de atos de heroísmo, traços de bravura e de fidelidade. Ele a instrui assim a tornar-se melhor, mostrando, mesmo em meio a seus prazeres, os nobres caracteres desenhados em nossos anais [...]. O melodrama será sempre um meio de instrução para o povo, porque ao menos este gênero está a seu alcance[10].

Os vilões do melodrama são, então, aqueles que recusam esta moral: os cúmplices, os marginais, os bandidos, os forçados, os desertores. Compreende-se assim melhor a repulsa de Pixerécourt diante do drama romântico que reabilitava os fora-da-lei: "Antigamente escolhia-se apenas o que era bom, escrevia ele em 1832, mas nos dramas modernos não se encontra nada além de crimes monstruosos que revoltam a moral e o pudor"[11].

Esta moral conservadora que mantinha o fervor militar associando-o à estabilidade política e social e ainda ao culto da virtude parecia, na queda do Império, ter partido junto a ele e sofrido, em consequência, violentos ataques antes

---

10. Sem indicação de página.

11. Charles Guilbert Pixerécourt. "Dernières Réflexions de l'auteur sur le mélodrame". *Théâtre choisi*, Tome IV. Genève : Slatkine Reprints, 1971, p. 497.

de desaparecer, trazidos pelo ímpeto sentimental e social do romantismo.

Os Autores

Louiz Caigniez (1762-1842)

Nascido numa abastada família de juristas da burguesia togada de Arras, advogado do Conselho de Artois, ele chega a Paris em 1798 e aí frequenta os meios teatrais, tendo se ligado a um outro dramaturgo, Coffin-Rosny. Inicialmente faz incursões pela *féerie*, tendo escrito neste gênero *La Forêt enchantée* (1799) *(A Floresta Encantada)* e *Nourjahad et Chérédin* (1802), mas é o melodrama que lhe traz os primeiros triunfos: *Le Jugement de Salomon* (1802) *(O Jugamento de Salomão)*, cujo sucesso foi então qualificado como "piramidal" e que ele tentará prolongar com *Le Triomphe de David* (1805) *(O Triunfo de Davi)*. Estes temas bíblicos, tratados majestosamente num estilo julgado, à época, simples e austero, trouxeram-lhe o apelido de "Racine de Bulevares". Ele escreveu em seguida dramas familiares nos quais a angústia do abandono e o amor maternal tinham o melhor quinhão: *La Forêt d'Hermanstadt ou La Fausse épouse* (1805) *(A Floresta de Hermanstadt, ou a Falsa Esposa)*, *L'Illustre Aveugle* (1806) *(O Ilustre Cego)*, *Le Faux Aléxis ou le Mariage par vengeance* (1807) *(O Falso Aléxis, ou o Matrimônio por Vingança)*, *La Belle-mère ou les Deux orphelins* (1808) *(A Madrasta ou Os Dois Órfãos)*, *Les Enfants du Bûcheron* (1809) *(As crianças de Bûcheron)*, *La Fille adoptive ou les Deux mères* (1810) *(A Filha Adotiva ou as Duas Mães)*, *La Folle de Wolfenstein* (1813) *(A Louca de Wolfenstein)*. Cainniez aproxima-se, também, dos dramas guerreiros, plenos de peripécias mais movimentadas: *Jean de Calais* (1810), *Henriette et Adhémar* (1810), *Edgar ou la Chasse aux loups* (1811) *(Edgar, ou a Caça aos Lobos)*. A ação deste último drama, interessante sob diversos aspectos, desenvolve-se na Inglaterra do século X. Encarregado pelo rei, que deseja desposá-la, de pedir a mão de Malvina, filha do Conde de Devon, Athelwood apaixona-se pela moça e com ela se casa. Para esconder seu casamento, ele a encerra em seu castelo, entretanto, o rei vem visitá-lo. Ajudado por Edwin, seu escudeiro, ele faz com que a criada Fanny passe por sua esposa, enquanto Malvina se esconde junto a Peters, um agricultor. O rei se deixa enganar, apesar de ter achado Malvina um pouco desajeitada. Mas as suspeitas nascem no espírito de um cortesão que suborna um dos valetes do castelo. Por algumas moedas de ouro, este trai o segredo. Neste ínterim, chega ao castelo o pai de Malvina, que evidentemente não reconhece sua filha. O rei é avisado do engodo mas não demonstra imediatamente ter descoberto nada; ele parte para uma caçada em companhia de Tom Cric, um pitoresco matador de lobos. Após enviar Athelwood como batedor, ele ordena que a falsa esposa lhes acompanhe. Depois de uma cena bastante densa e vivamente urdida o rei, clemente, perdoa.

A peça, original em sua arquitetura e em sua escritura, procura descolar-se dos esquemas habituais das intrigas melodramáticas. Nesse espírito, Caigniez já havia escrito, em 1807, uma comédia digna de interesse, *Le Volage (O Volúvel)* e alguns anos mais tarde, seguindo a mesma inspiração, *Les Méprises de la diligence* (1819) *(Os Erros da Diligência)*. Estas duas peças, quase desconhecidas, mostram um verdadeiro talento cômico.

Enfim, com *La Pie voleuse ou la Servante de Palaiseau* (1815), que estava em cartaz durante os Cem Dias[12], Caigniez obtém um sucesso fora do comum. A peça teve numerosas representações (traduzida para o inglês, foi também encenada em Drury Lane) e serviu de libreto para a ópera de Rossini. Após este triunfo, ele teve encenadas ainda *Les Corbeaux accusateurs ou la Forêt de Cercottes* (1816) *(Os*

---

12. Período de 20 de março a 22 de junho de 1815, entre o retorno de Napoleão e a segunda abdicação, depois de Waterloo.

51

Corvos Acusadores, ou a Floresta de Cercottes), Ugolin ou la Tour de la faim (1821) *(Ogolin, ou A Volta da Fome)*, com Villiers, *Honneur et séduction* (1822) *(Honra e Sedução)*. Não se sabe quase nada sobre ele após esta data, a não ser que terminou sua vida na miséria, em Belleville, em 1842.

Um historiador de teatro do começo do século XIX, Royer foi um dos poucos a reconhecer o aporte essencial de Caigniez à elaboração da estética melodramática:

> Em suas obras, escreveu ele, o vilão brilha em todo o seu esplendor e maquina espertamente seus odiosos complôs; a inocência percorre imperturbavelmente as fases de suas infelicidades e triunfa, no desfecho, sobre seus perseguidores; só o bobo, um dos lados do triângulo melodramático, parece-me um pouco negligenciado em seu desenvolvimento; ele raramente alcança o efeito do riso inextinguível que contrasta tão bem, em Pixerécourt, com os terrores da ação. Quanto à linguagem, ele se aproxima ainda muito do tom solene em uso na tragédia.

Finalmente uma das razões de glória de Caigniez foi ter concebido, antes de Eugène Sue, um *Juif errant* (1812) *(Judeu Errante)*.

Jean Cuvelier de Trye (1766-1824)

Levou adiante, desde o começo da Revolução, uma dupla carreira de autor de sucesso e alto funcionário do Estado. Filho de militar, depois de seus estudos em Paris tornou-se advogado em Bologne, sua cidade natal. Muito engajado politicamente, assiste à Festa da Federação, é em seguida nomeado capitão da Guarda Nacional e depois, em 1793, comissário nos departamentos do Oeste. Após o 18 Brumário, entra para o regimento de hussardos e serve na Suíça. Torna-se, em 1804, comandante em chefe dos intérpretes da Grande Armada e participa de campanhas militares. De saúde frágil, quando sua corporação é dissolvida, em 1806, encontra emprego nos escritórios da comissão de instrução pública e finalmente, depois disso, consagra-se definitivamente a seu trabalho como homem de teatro.

Sob a Revolução, Cuvelier já se impusera como um criador original, enriquecendo as técnicas da pantomima dialogada. Suas peças mais conhecidas até então foram *L'Enfant du malheur ou les Amants muets* (1797) *(A Criança da Desgraça, ou os Amantes Mudos)* e sobretudo *C'est le Diable ou la Bohémienne* (1797), na qual alguns críticos veem o primeiro melodrama:

> Enfim veio Cuvelier e antes de todos na França
> Mostrou o melodrama em sua magnificência [13]
>
> (A. Charlemagne, 1809).

Depois do sucesso de *La Fille hussard* (1798) *(A Filha do Hussard)*, pantomima em três atos encenada mais de 250 vezes no Cirque Franconi, Cuvelier continuou a apresentar ao público pantomimas dialogadas bastante movimentadas como *Hilberge l'amazone ou les Monténégrins* (1810); criou, além disso, numerosas cenas equestres representadas no Cirque Olympique e, para a glória de Napoleão, *La Bataille d'Aboukir ou les Arabes du désert* (1808) *(A Batalha de Aboukir, ou os Árabes do Deserto)*, *Les Français em Pologne* (1808) *(Os Franceses na Polônia)*, *La Belle Espagnole ou l'Entrée triomphante des Français à Madrid* (1809) *(A Bela Espanhola, ou a Entrada Triunfal dos Franceses em Madrid)*. Ele aproximou-se também, com alguma felicidade, do melodrama-pantomima-mágica, como por exemplo em *Le Nain jaune ou la fée du désert* (1804) *(O Anão Amarelo, ou a Fada do Deserto)*. Os melodramas que escreveu deixam transparecer um gosto marcado pelo movimento e pela ação militar, com cenários fortemente influenciados por cores locais. A extrema complicação de suas intrigas trouxeram-lhe o apelido de Crébillon do Bulevar. Cuvelier escreveu mais de 110 peças, entre as quais pode-se distinguir *Ardres sauvé ou les Rambures* (1803), *A-t-il deux femmes? ou les*

---

13. Enfin Cuvelier vint et le premier en France / Montra le mélodrame en sa magnificence.

Corsaires barbaresques (1803) *(Há Duas Mulheres? ou os Corsários Barbarescos), Herman et Sophie ou le Carnaval bavarois* (1805) e *Dago ou les Mendiants d'Espagne* (1806) *(Dago, ou os Mendicantes da Espanha)*, esta última, para nós, um de seus melhores melodramas.

Nesta peça, Felício, sobrinho de Zaméo que todos acreditavam morto, é apaixonado por Angélica, filha de Zaméo. Ele procura aproximar-se da bela moça para declarar-lhe seu amor. A plateia é informada de que Dago, chefe dos mendigos da cidade, é na realidade Zaméo, que fugira da Inquisição por conhecer o segredo da fabricação do ouro. Dago, que comanda os mendigos, continua entretanto honesto e consegue, sem se deixar reconhecer, proporcionar uma entrevista entre Angélica e Felício. La Plata, valete de Felício, é também um antigo mendigo, e é reconhecido por seus antigos companheiros, que lhe propõem entregar Dago à Inquisição. Mas La Plata tem um outro plano: apoderar-se do ouro que Dago teria fabricado. Durante uma visita ao subterrâneo onde habita, Zaméo revela sua identidade a Felício e lhe diz ser o pai de Angélica. Segue-se uma festa, interrompida pelo mendigo Miquelos, fiel a Zaméo, que lhe previne de uma traição. Imagina-se inicialmente que são os inquisidores que forçam a porta a golpes de acha. Zaméo então esconde Felício e Angélica numa reentrância da parede, atrás de um quadro. Eram porém os mendigos que, disfarçados em inquisidores, buscam o ouro que terminam por descobrir. Felício aparece, caça dois mendigos e tranca outros numa sala com o ouro, enquanto Zaméo é feito prisioneiro pelos que restam. Daí em diante, Angélica sai a procura do rei, enquanto Felício se disfarça de mendigo para penetrar em seu grupo com a ajuda de Miquelos. La Plata é desmascarado, mas os outros mendigos tentam obrigar Zaméo a fugir com eles para fabricar ouro: ele se recusa. Todos são então presos. Uma ordem do rei livra Zaméo, devolve-lhe a honra e dissolve a confraria de mendigos.

As peças que se seguem a esta, *Le Regard ou la Trahison* (1812) *(O Olhar, ou a Traição), Le Vieux de la Montagne ou les Arabes du Liban* (1814) *(O Velho da Montanha, ou Os Árabes do Líbano)*, *Le Sacrifice d'Abraham* (1816), *Les Macchabées ou la Prise de Jérusalem* (1817) *(Os Macabeus, ou a Tomada de Jerusalém)*, servem-se da mesma inspiração exaltada, tortuosa e movimentada.

René-Charles Guilbert de Pixerécourt (1773-1844)

Pixerécourt conheceu uma existência tão movimentada quanto a ação de um bom melodrama. Descendente da nobreza militar provinciana, ele tem uma brilhante vida escolar em Nancy e em seguida inicia os estudos de Direito. Quando vem a Revolução, vai para Coblence com sua família e alista-se na Armada dos Príncipes. Uma paixão amorosa durante o Terror leva-o a Lorraine, e depois a Paris onde, na miséria e vivendo uma semiclandestinidade, ele pinta iluminuras em leques, lê Florian e se lança às primeiras composições teatrais, em diferentes gêneros. Suas primeiras tentativas, *Sélico ou le Nègre généreux* (1793) *(Sélico, ou o General Negro)*, *Les petits Auvergnants* (1797) *(Os Pequenos de Auvergnants)*, *Le Château des Apennins* (1798), *Victor ou L'enfant de la Forêt* (1798), *Rosa ou l'Hermitage du torrent* (1800) parecem-nos hoje como uma tateante preparação do extraordinário sucesso que seria alcançado por *Coelina ou l'Enfant du mystère* (1800). A partir de então, as peças seguem-se em ritmo acelerado. Virão a seguir: *L'Homme à trois visages ou le Proscrit* (1801), *Le Pèlerin blanc* (1801), *La Femme à deux maris* (1802), *Pizarre* (1802), *Les Mines de Pologne* (1803), *Les Maures d'Espagne* (1804) e *La Forteresse du Danube* (1805). O imenso sucesso obtido por cada uma dessas produções fazem de Pixerécourt o mestre incontestável de um novo gênero: o melodrama.

Seu virtuosismo na composição das intrigas levam-no a jogar cenicamente com as dificuldades, apresentando peças com peripécias fora do comum, numa encenação precisa e grandiosa. *La Citerne*, cujo sucesso foi retumbante, é um bom exemplo de sua engenhosidade.

Dom Rafael foi outrora aprisionado pelos Mouros juntamente com sua filha, Clara. Acredita-se que ambos estão mortos. Dom Fernando, o vilão, torna-se então o tutor de Séraphine, a segunda filha de Dom Rafael. Sabe-se também que Dom Fernando caluniou Dom Rafael e obteve do governador a proclamação de um édito infamante a seu respeito. Dom Fernando deseja, além disso, casar-se com Séraphine para apoderar-se de suas riquezas, mas Dom Alvar, filho do governador de Majorca, está apaixonado pela moça e vai desposá-la. Dom Fernando prepara uma armadilha para o rapaz, fazendo com que seu empregado Pícaros desempenhe o papel do pai de Séraphine, pois ele poderia, assim, levar sua pupila para a Espanha e, uma vez lá, casar-se com ela. Pícaros faz sua parte mas, neste momento, chega o verdadeiro Dom Rafael, em companhia de Clara. Disfarçado de cego, ele se introduz no castelo de Belmonte, onde Séraphine e Pícaros esperam os ventos favoráveis para partir. Tudo é descoberto. Pícaros então se arrepende e, graças a ele, Clara é salva das mãos de corsários que são feitos prisioneiros após a explosão e destruição da cisterna que dá nome ao drama.

Com respeito a essa peça escreverá o *Journal de Paris*:

> Que imaginação, por mais viva e mais extravagante que possa ser, poderia imaginar a décima parte das inovações extraordinárias com as quais M. de Pixerécourt, como se estivesse brincando, acaba de nos prodigalizar, e com as quais estamos ainda maravilhados?

Pixerécourt escolhe ainda a dificuldade ao tratar de um assunto como *Robinson Crusoé* (1809). Para as necessidades deste melodrama, a ilha do naufrágio solitário se encontra bastante populosa. Efetivamente, ela é escolhida pela tripulação amotinada de um navio como ponto de desembarque de Diego, seu capitão. Este Diego, um armador português, é ao mesmo tempo sogro e amigo de Robinson. Ele havia fretado o navio, juntamente com Ema, mulher de Robinson, e Isidor, seu filho, para reencontrar seu parente.

Assiste-se, assim, a uma série de combates entre o pequeno grupo de Robinson e os marinheiros rebeldes. Graças a Sexta-feira[14], a vitória final é de Robinson e sua família.

É conhecida a impressão causada por um de seus espetaculares melodramas, *Les Ruines de Babylone* (1810), sobre a sensibilidade do jovem Victor Hugo. A notoriedade de Pixerécourt é então extraordinária:

> De minha parte (escreveria J. Janin) não conheço nada comparável à popularidade do ilustre autor das *Ruines de Babylone*; os homens, as crianças as moças, os velhos seguem-no de longe e de mãos postas quando ele se digna a passear pelo Bulevar do Templo, abrigado no veludo de seu mantô e enfeitado com sua cruz da Legião de Honra. Seguem-no em silêncio, mostram-no com um gesto apaixonado: É ele! Ei-lo aí! O grande castigador de todos os crimes, o alto justiceiro que lê nos corações pervertidos! Ele, entretanto, a cabeça erguida, o olhar brilhante, a fronte pensativa, passava lentamente através dessa correnteza humana que se fazia sentir por murmúrios, por elogios, pela admiração, por maldições.

Com Emile e depois Dragon, dois cães excepcionais, Pixerécourt conhecerá um novo triunfo em 1814, com *Les Chien de Montargis*, mas com a queda do Império, o clima de seus melodramas muda. *La Fille de l'exilé* (1819), mostra uma busca obstinada do perdão e do absoluto; *Valentina* (1821), traz uma heroína que se suicida; *Alice ou les Fossoyeurs écossais* (1829) deixa transparecer todas as características do romantismo *noir*; *Latude ou Trente-cinq ans de captivité (Latude, ou trinta e cinco anos de cativeiro)* (1834) afasta-se das regras, suprime a maior parte dos monólogos e fragmenta a intriga em cinco atos.

Pixerécourt consagrou seus últimos anos à edição de seu *Théâtre choisi* (1841-1843), no qual figuram as melhores em torno das aproximadamente cem peças que escreveu, das quais sessenta eram melodramas, e que totalizaram mais de trinta mil representações em Paris e nas províncias.

14. O companheiro indígena de Robinson Crusoé no romance de Walter Scott.

O autor de *Coelina* e de *La Femme à deux maris* foi também um dos primeiros a dar um lugar preponderante às encenação das obras teatrais. Aí, também, ele será um inovador. Suas concepções sobre o assunto lembram fortemente as ideias professadas hoje em dia sobre a questão. Ele foi, incontestavelmente, o primeiro verdadeiro diretor de teatro, dentro do conceito que a palavra tem atualmente. Sobre este ponto, temos em Alexandre Piccini um precioso testemunho:

> Ele não era apenas o autor de suas peças, mas, ainda, ele desenhava os figurinos, fazia o plano dos cenários, explicava ao maquinista como executar os movimentos. Cena por cena, ele dava aos atores indicações sobre seus papéis. Suas obras ganhariam muito se ele pudesse ter interpretado todos os personagens.

J. Janin, por sua vez, analisa finamente o caráter evocador dessas encenações. Dizia ele de Pixerécourt em seu *Curso de Literatura Dramática* :

> Este homem tem uma qualidade séria e bem rara: ele é um criador. Ele é absurdo, falso, pueril, que importa? Ele cria. Ele tem uma certa maneira de colocar uma faixa de relva, de dispor sua velha floresta de carvalhos, de preparar seu quiosque ao fim do jardim que faz com que, para o bem ou para o mal, quando as cortinas se levantam, nós olhemos, nós nos inquietemos.

Os atores, com os quais ele era muito exigente, chamavam-no de Ferocios Poignardini; o público popular, de o Corneille dos Bulevares; seu amigo Charles Nodier, de Shakespirécourt.

Jean-Baptiste Hapdé *(1774-1839)*

Muito jovem, ele participa dos grandes momentos da Revolução, e já escreve para o teatro peças como *Le Comissionaire de Saint-lazare (O Comissário de São Lázaro)*, encenada em 1794, no Théâtre des Jeunes Artistes, e *Le Petit Poucet ou l'Orphelin de la forêt* (1798) *(O Pequeno*

Poucet, ou o Órfão da Floresta), representada mais de 250 vezes. Em 1800, Hapdé é incorporado ao quartel-general da Armada do Rhin, como secretário do general d'Hédouville, depois administrador dos hospitais militares. Também este autor levará adiante duas carreiras. Em 1810, obtém um "privilégio de espetáculo"[15] para abrir o Jeux Gymniques, teatro no qual, no mesmo ano, compõe quadros históricos para a glória de Napoleão, como *Les Pyramides d'Egypte, Le Pont d'Arcole, Le Passage du Mont Saint-Bernard* e o mais célebre *Homme du Destin*. Malgrado estes louvores aos feitos napoleônicos, o privilégio lhe é retirado em 1812. No ano seguinte, encontramo-lo trabalhando como diretor dos hospitais da Grande Armada. Esta última função, que desempenha com devoção e competência, faz-lhe assistir aos horrores dos desastres militares napoleônicos. O fiel admirador torna-se então feroz adversário, do Imperador e do melodrama, que ele compreende como um vil instrumento de propaganda, e que critica numa brochura intitulada *Plus de mélodrames! Leurs dangers considérés sous le rapport de la religion, des mœurs, de l'instruction publique et de l'art dramatique*, de 1814. "O monstro político foi abatido, é necessário arrasar o monstro literário", escrevia ele. Hapdé havia, entretanto, criado durante o Império um número impressionante de mágicas e sobretudo de melodramas particularmente movimentados, entre eles *Elizabeth de Tyrol ou les Hermites muets* (1804) *(Elizabeth de Tyrol, ou os Eremitas Mudos), La Guerrière des sept montagnes ou la Laitière des bords du Rhin* (1805) *(A Guerreira das Sete Montanhas, ou a Leiteira da Beira do Rhin), Le Pont du Diable* (1806) *(A Ponte do Diabo), Le Prisonnier masqué* (1806) *(O Prisioneiro Mascarado), Heilmina d'Heidelberg ou l'Innocente coupable* (1807), *La Tête de Bronze ou l'Déserteur hongrois* (1808) *(A Cabeça de Bronze, ou o Desertor Húngaro)* e *Le Colosse de Rhodes ou le Tremblement de terre d'Asie* (1809).

15. Nome da licença dada à época para abertura e funcionamento de um teatro.

Após um breve exílio na Inglaterra, durante os Cem Dias, Hapdé volta a Paris onde escreve um pequeno estudo crítico *Des grands et des petits théâtres de la Capitale* (1816) e novamente melodramas, agora marcados pela estética romântica, entre os quais *Les Visions de Macbeth ou les Sorcières d'Ecosse* (1817) *(As Visões de Macbeth ou as Bruxas da Escócia)* e *Le Passage de la Mer rouge ou la Délivrance des Hébreux* (1817) *(A Passagem pelo Mar Vermelho, ou a Libertação dos Hebreus)*. Sua última peça, *Le déluge (O Dilúvio)*, melodrama em dois atos precedido de um prólogo intitulado *Les hommes d'avant le déluge (Os Homens Diante do Dilúvio)*, obteve, em 1830, grande sucesso.

Alguns Outros Autores

Em meio aos numerosos dramaturgos que se aventuraram na criação de melodramas, seria necessário citar ainda:

Jean Caniran de Boirie (1783-1837) – Foi Diretor do teatro dos Jeunes Artistes e do da Imperatriz (Odéon), depois regente da Porte Saint-Martin. Suas últimas funções levaram-no a colaborar com aproximadamente duas dezenas de autores. Suas peças mais conhecidas são *La Femme à trois visages* (1806) *(A Mulher de Três Faces)*, *L'Homme de la forêt noire* (1811) *(O Homem da Floresta Negra)*, *Le Bourgmestre de Saardam* (1818) *(O Burgomestre de Saardam)* e *Les Deux forçats ou la meunière du Puy-du-Dôme* (1822) *(Os Dois Condenados às Gatés, ou a Moteira da Montanha de Dôme)*.

Anne Mélesville (1787-1865) – Escreveu mais de trezentas peças em todos os gêneros: farsas, vaudeviles e óperas, mas é com o melodrama que obtém seus primeiros grandes sucessos, que foram *Abenhamet ou le Héros de Grenade* (1815) *(Abenhamet, ou o Herói de Granada)*, *Boleslas ou le Bûcheron écossais* (1816) *(Boleslas, ou O Lenhador Escocês)*, *Onze heures du soir* (1817) *(Onze Horas da Noite)*, *Le Proscrit et la Fiancée* (1818) *(O Proscrito e a Noiva)* e *Les Frères invisibles* (1819) *(Os Irmãos Invisíveis)*. Abandona em seguida o melodrama para ir trabalhar com Scribe, mas a ele volta alguns anos mais tarde, com *La Chambre ardente* (1833) *(A Câmara Ardente)* , onde Mele Georges fará o papel de Brinvilliers, e *La Berline de l'Emigré* (1835). Era um excelente encenador, que "indicava bem", como se dizia na época.

César Ribié (1755-1830) – Filho de um manipulador de marionetes, foi inicialmente camareiro[16] do Théâtre de Nicolet antes de obter pequenos papéis nos palcos do bulevar e de tornar-se um bom ator cômico. Empreendeu numerosas turnês teatrais na província e nas colônias. No retorno dirigiu vários teatros e compôs uma grande quantidade de *canevas* dramáticos, sobretudo para a pantomima. Sua obra mais conhecida é *Le Héros américain* (1805)

René Périn (1776-1858) – Advogado e vice-prefeito de Montluçon durante os Cem Dias, demite-se de suas funções ao retornar de Bourbons. Polígrafo brilhante, escreveu uma interessante comédia, *M. Jocrisse au Sérail de Constantinople (M. Jocrisse no Harém de Constantinopla)* e uma espirituosa paródia do *Itinéraire de Paris à Jérusalem (Itinerário de Paris a Jerusalém)* em 1811. Em 1822 escreve um *Manuel dramatique à l'usage des auteurs et des acteurs (Manual Dramático para Uso de Autores e Atores)*. Foi responsável também por um dos grandes sucessos do melodrama, *Fitz-Henri ou la Maison des fous* (1804) *(Fitz-Henri, ou A Casa dos Loucos)* e compõe ainda *Hélénor de Portugal* (1807) e *L'Héroïsme des femmes* (1808) *(O Heroísmo das Mulheres)*.

Frédéric Dupetit-Méré (1787-1827) – Assinava apenas seu prenome, Frédéric. Era um especialista na produção de melodramas históricos e heroicos, como por exemplo *La Chaumière du Mont Jura* (1809), *Le Maréchal de Luxembourg* (1812), *Le Maréchal de Villars* (1817) e *La Cabane de Montainard* (1818).

---

16. No original, *aboyeur*. No vocabulário teatral, pessoa responsável por chamar os atores na hora de sua entrada em cena, Géo Sandry e Marcel Carrère. *Dictionnaire de l'Argot Moderne,* Paris, Dauphin, 1953.

Pierre-Joseph Charrin (1784-1863) – Melodramaturgo e jornalista profícuo, foi o redator de 13 volumes do *Mémorial dramatique*. Produziu um grande sucesso *La Forteresse du Riotercero ou les Espagnols au Paraguay* (1805).

J.-J.-M. Duperche (1775-1829) – Tradutor de obras de autores alemães, sobretudo de Volpius (*Rinaldo, Chefe dos Bandidos*). Deve-se a ele, essencialmente, *Tankmar de Saxe* (1805), *Les Strelitz* (1808) e *Alix et Blanche* (1813).

O MELODRAMA ROMÂNTICO (1823-1848)

Com a queda do Império, a mentalidade coletiva muda, assim, também a composição e recepção dos melodramas vão ser consideravelmente modificadas. A submissão aos valores tradicionais, cívicos e guerreiros começa a afrouxar. Uma nova geração se inicia, no momento em que a alta sociedade se hierarquiza novamente e simula deixar os Boulevards. A homogeneidade do público dos melodramas é tachada, diante das exigências de outras formas de sensibilidade. Em torno dos anos 1820, esta mudança dos valores sociais e estéticos seria marcada por uma série de acontecimentos de pesadas consequências: o assassinato do duque de Berry, o caso dos quatro sargentos de La Rochelle e a expedição da Espanha. No teatro, dois episódios fora do comum precipitam o movimento: a visita dos atores ingleses a Paris (1822) e as representações de *L'Auberge des Adrets*

Uma espectadora sensível. Desenho da Damourette.

(1823) *(O Albergue dos Adrets)*. Nesta peça apareceria, pela primeira vez, com os trapos escolhidos por Frédéric Lemaître, o tipo literário e social mais pujante do século XIX: Roberto Macário.

Três melodramaturgos pouco famosos, B. Antier, A. Lacoste e Alex. Chapponier haviam escrito, para o Ambigu, um melodrama tradicional, no qual um calejado bandido, Roberto Macário, ajudado por seu cúmplice Bertrand rouba e assassina um viajante em uma estalagem. Uma pobre mulher que os estalajadeiros haviam acolhido na véspera torna-se a principal suspeita. Este drama interrompe as núpcias do filho adotivo do estalajadeiro. Ocorre, é claro, que este jovem é filho do próprio Roberto Macário e a inocente perseguida, sua mulher. Macário é desmascarado e preso pelos dragões do rei. Numa tentativa de fuga, ele é mortalmente ferido por Bertrand ao qual pensava trair. Antes de morrer, porém, ele ainda arrancará do peito uma confissão que inocenta sua pobre mulher.

Cansado de interpretar os vilões de melodrama no estilo convencional, Lemaître, valendo-se da cumplicidade de Firmin (Bertrand), ensaiou seu papel nesta tradição. No dia da estreia, porém, vestido num traje esfarrapado, mas no qual se dava ares de príncipe, ele utilizou um tom de bravata para dizer suas réplicas e perpetrar seus crimes. Fanfarrão e cínico, ele levava ao ridículo todos os valores. A peça obteve imediatamente um grande sucesso por meio do riso. Este riso era entretanto menos o provocado pela paródia ou pelo cômico da situação do que a expressão dos sarcasmos da geração romântica.

A peça foi proibida depois da octagésima representação, mas Frédéric Lemaître retomou o papel, que ele então talharia à sua medida, com a ajuda de B. Antier, em uma nova peça intitulada *Roberto Macário* (1834). Desta vez, ele elevou um tipo literário à dimensão do mito.

Após este rasgo de brilho, que era um tiro de advertência para o melodrama clássico, assiste-se a uma inversão de valores e à introdução de novos elementos na temática e na tipologia do gênero.

Os cúmplices, os marginais, os bandidos que no último ato dos melodramas tradicionais eram expelidos do círculo dos bem-aventurados, transformam-se em heróis. O melodrama do rigor e das convenções burguesas é acrescido, pouco a pouco, do exagero e da desmedida. O espetáculo dos vícios torna-se aí mais complacente; a Fatalidade, repentinamente impiedosa, passa a esquecer de transformar-se em Providência e mata, cada vez mais, o herói. Os vilões sobrevivem, mesmo a seus crimes, e a paixão amorosa, até então discreta, inflama o palco. O apotegma final transforma-se, às vezes, em grito de desafio social. Pixerécourt, num vigoroso artigo, recusou a paternidade destes novos dramas, por critérios ao mesmo tempo morais e estéticos:

> Há seis anos que se tem produzido um grande número de peças românticas, o que quer dizer, de peças maléficas, perigosas, imorais, desprovidas de interesse e verdade. E então! Em plena vigência deste gênero nefasto eu escrevi *Latude*, com o mesmo gosto, as mesmas ideias e os mesmos princípios que me orientaram durante mais de trinta anos. Esta peça obteve o mesmo sucesso que as antigas [...]. Por que então os autores de hoje não fazem como eu? Por que suas peças não se parecem com as minhas? É que eles não têm nada parecido comigo, nem as ideias, nem o diálogo, nem a maneira de criar uma cena; é que eles não possuem nem meu coração, nem minha sensibilidade, nem minha consciência. Sendo assim, não fui eu quem estabeleceu o gênero romântico. (*Dernières Réflexions sur le Mélodrame*, 1843).

Com efeito, drama e melodrama românticos confundem-se desde seu nascimento; nunca se pode fazer uma clara distinção entre eles, que eram escritos pelos mesmos autores, representados pelos mesmos atores e encenados nos mesmos teatros. Ambos apóiam-se, ainda, sobre a estrutura estabelecida pelo melodrama clássico, dando-lhe uma tonalidade e uma temática novas e apropriando-se a seu modo do gosto pelos efeitos e pela cor local, do senso de ritmo, do "entrecho", da encenação, da oposição maniqueísta entre as forças do bem e as do mal, da composição dos personagens que representam estes valores e propondo, em suma, um estilo de drama mais preocupado com suas próprias invenções e sua própria lógica do que com o realismo e a verossimilhança. Apenas Théophile Gautier reconhecia neles estes empréstimos tomados do melodrama clássico os quais, zelosos de sua dignidade literária, Hugo e os outros românticos recusavam-se a admitir:

> Oh, Guilbert de Pixerécourt! Oh, Caigniez! Oh, Victor Ducange! Shakespeares desconhecidos, Goethes do Bulevar do Templo, com que cuidado piedoso, que respeito filial [...] nós estudamos suas concepções gigantescas, esquecidas da geração posterior!

A partir de 1825, o termo melodrama passa a ser empregado apenas pelos críticos: os dramaturgos o haviam abandonado. Em 1838, corajosamente, Anicet-Bourgeois tenta reabilitá-lo, no prefácio de *La Pauvre Fille*:

> Melodrama!!! Esta palavra escrita nos cartazes do Teatro da Porte-Saint-Martin pareceu quase estranha. Com efeito, o melodrama estava esquecido, todos os palcos que ele outrora enriqueceu hoje o repudiam. O Gaîté, o Ambigu, o Folies-Dramatiques, o Saint-Antoine, até o teatro de M. Dorsay não representam atualmente nada além do *drama*; o drama está por toda parte. No momento de seguir ainda uma vez a corrente e de colocar neste meu *Pauvre Fille* esta denominação universal de drama, fui tomado de remorso. Outrora o melodrama contou comigo entre seus mais calorosos defensores; lembrei-me também de que meu digno colaborador, meu primeiro mestre na arte dramática, Victor Ducange, intitulava modestamente melodramas *Calas, Thérèse, le joueur (O Jogador), Il y a seize ans (Há Dezesseis Anos), Sept heures (Senhoras), Le Couvent de Tonnington (O Convento de Tonnington)* etc.., olhei ao redor de mim e vi que ninguém se dignava a tomar o lugar que Ducange tão cedo deixara vazio. Pensei então que o melodrama não poderia morrer com um homem; tentei fazê-lo reviver.

Em vão. A partir desta época a palavra melodrama torna-se um termo pejorativo.

E de fato o melodrama havia mudado. A expressão da sensibilidade se fez nele mais viva e ele adquire um tom de revolta social quando a inteligência ou o gênio dos heróis se choca com a mediocridade dos bem estabelecidos socialmente ou com as potências políticas e financeiras. "Esqueci que a miséria acorrenta o gênio", diz um personagem de *La Fille Maudite* (1817) *(A Fila Maldita)*, de Boirie e Chandezon. Tédio e lassitude de viver passam a se fazer presentes no melodrama: o herói ou a heroína chegará eventualmente ao suicídio quando a Fatalidade o/a atinge com demasiada violência, como em *Valentine ou la Seduction* (1821) *(Valentine, ou a Sedução)*, de Pixerécourt. A morte não é mais reservada apenas ao vilão, mas serve de pretexto, no palco, para as mais cruéis variações. O casamento, que no melodrama clássico recriava, na última cena, uma família em torno da qual todos se reagrupariam para enfrentar as dificuldades da vida, desaparece dando lugar a outras ligações menos estáveis e mais passionais. O adultério, por sua vez, quase banido do antigo melodrama, invade pouco a pouco as intrigas e as povoa de bastardos, de mães solteiras, de crianças perdidas e reencontradas, de pais indignos e indignados lançando maldições sobre sua progenitura. Esta "adulterolatria", que atingirá todos os gêneros, permanecerá, até o final do século, como uma temática essencial.

O melodrama tornou-se também, neste período, o veículo privilegiado da ressurgência das ideias republicanas e bonapartistas. Vê-se reaparecer ali, em numerosas cenas, Napoleão ou ao menos chefes militares que falam e agem como ele. Em outros melodramas, particularmente os de Victor Ducange, exprimem-se ideias liberais que agitam uma parte da opinião pública. Imediatamente após as barricadas de 1830, as reivindicações sociais fizeram-se ainda mais violentas e foram acompanhadas de uma viva reação anticlerical em melodramas como *L'Incendiaire ou la Cure et l'Archevêché* (1831) *(O Incendiário, ou a Cura e o Arcebispado)*, de Decombrerousse e B. Antier, no qual um padre ordena a um penitente, para o perdão de seus pecados, que incendeie a fazenda de um liberal, ou *Le jésuite* (1830), de

Ducange (com a colaboração de Pixerécourt), no qual se vê um homem de religião sórdida, Judacin, exercer sua cobiça e sua lubricidade sobre uma jovem que finalmente ele leva ao suicídio. Os dramas cuja intriga se situavam na Revolução voltaram à moda e, com eles, o hábito de ridicularizar o rei, os magistrados, os padres. Os anos de 1830-1840 foram extremamente agitados no Bulevar do Crime, que já possuía esta designação bem antes do atentado de Fieschi (1835). Em 1832, foi a epidemia de cólera que atingiu a capital justo no momento em que triunfava *A Torre de Nesle*. No mesmo ano, os funerais do general Lamarq deram estímulo a novas barricadas; ao menor impulso de raiva, a insurreição estava nas ruas.

Os melodramas desta época tornaram-se caóticos, violentos e sangrentos. À medida em que nos aproximamos de 1848, cada vez mais o tumulto da ação melodramática se faz ofegante (Bouchardy) e encontra-se quase por toda parte, particularmente nas adaptações teatrais dos romances de Eugène Sue e nos melodramas de Félix Pyat, doutrinas socialistas expressas com cada vez mais vigor. O melodrama parece, então, hesitar entre o "frenetismo" e o realismo, ou melhor, o "miserabilismo" dos cenários e dos personagens. Em plena revolução de 1848[1], *Jean, o Trapeiro de Paris* de Pyat, esvaziava sua alcofa no palco do Ambigu; entre dejetos e papéis velhos encontrava-se a coroa do rei dos franceses. De um mendigo a outro, de Roberto Macário a Jean, o Trapeiro, fechava-se o ciclo.

As Modificações Técnicas

O novo espírito da criação melodramática levou a algumas modificações na estrutura geral das peças. Abandonou-se, assim, progressivamente o cuidado de Pixerécourt de

---

1. Insurreição parisiense que resultou na queda do rei Luis Felipe e proclamação da República.

preservar a regra das três unidades. Também a arquitetura em três atos se modificou, em proveito de uma organização aumentada, em cinco atos, e fragmentada em numerosos quadros que os progressos técnicos permitiam ser trocados rapidamente. Esta técnica se aperfeiçoou na medida em que se criou o hábito de recortar, nos romances de folhetim, as cenas a descrever e justapô-las em quadros. Propunha-se assim uma visão dramática partida, impressionista, que apelava mais às lembranças dos leitores dos folhetins que a uma lógica dramática interna, o que irritava certos críticos, como J. Janin.

O telão muda. Se soubessem como tenho horror de todas essas telas que sobem e baixam a cada instante. É lamentável ver como o entrecho foi cortado em trinta e seis pedaços por estas máquinas inertes: praça pública, palácio, mansarda, esconderijo, taverna, quarto de dormir, vilarejo; tudo isso sobe e desce, tudo isso vem e vai, interrompendo as emoções mais doces: distração impaciente e mesquinha, uma brincadeira de criança. Isto que é chamado quadro, vejam vocês, é a ruína total da arte dramática. O quadro fez do drama a coisa mais fácil do mundo. O quadro dispensa a narrativa, a transição, as peripécias, o desfecho. Ele quebra, ele parte, ele despedaça, ele violenta, ele vai aos pulos e aos saltos; ele retira todas as nuances da paixão e do entrecho; ele é inimigo de toda a verossimilhança e de toda a verdade.

A fragmentação da matéria romanesca acabava por dar a cada quadro uma grande autonomia e provocava numerosas elipses na narrativa. O exemplo limite deste procedimento foi a adaptação cênica do *Juif errant* (1849), de Eugène Sue, feita por Dennery. Sarcey notaria também, a propósito de *Lazare le Pâtre* (1840) *(Lázaro, o Pastor)*, de Bouchardy, que "cada ato é uma peça inteira, e uma peça bem complicada".

Por outro lado, para resolver o problema sempre difícil da exposição, recorria-se à astúcia de um prólogo, dividido em várias cenas, e que propunha, no início da encenação, um ato vivo e curto apresentando a situação anterior, que provocara o drama ao qual se iria assistir.

Atribui-se geralmente a Dennery a invenção deste engenhoso sistema do qual Sarcey, num folhetim do *Temps*, fez o histórico e a análise:

Como os teatros do bulevar, fiéis a uma velha tradição, continuavam a abrir cedo suas portas e a sociedade elegante, que janta tarde, só chegava depois da peça começada, d'Ennery resolveu escrever, para cada peça importante, um prólogo onde expunha, aos olhos do público das galerias, os fatos dos quais necessitava para compor a trama de sua ação. A sala enchia durante o primeiro entreato e o autor se virava, durante o ato seguinte, para contar novamente aos espectadores recém chegados, de uma forma ou de outra, tudo o que se passara no prólogo. Assim todo mundo ficava informado acerca dos fatos importantes para a encenação.

Bouchardy e outros autores aperfeiçoariam este sistema de abertura que consistia, na maior parte das vezes, em mostrar o começo da intriga vinte anos antes: o tempo de deixar as crianças crescerem e os ódios amadurecerem. O mesmo Sarcey escreveria então, a propósito de *Lazare le Pâtre*:

O prólogo [...] é bastante movimentado e complicado, mas não se pode dizer que o esforço que ele exige para ser seguido e compreendido não seja um sacrifício do dramaturgo para valorizar o que se seguirá: cada ato explica e desenvolve os ângulos que ficaram obscuros neste prólogo. À medida em que a série de acontecimentos se desenrola, percebe-se que tudo está ligado aos incidentes do prólogo e o público fica encantado que tudo se esclareça tão bem.

Assim, os monólogos explicativos tornaram-se cada vez mais raros, subsistindo apenas nos melodramas os monólogos patéticos, partes aguardadas com expectativa, onde se conjugava o sentimentalismo e a música da orquestra.

Por outro lado, com a temática geral dos dramas tornando-se sombria, a mistura de gêneros não se opera bem, malgrado o respaldo das teorias românticas que visam conjugar o sublime e o grotesco. Os personagens ingênuos e cômicos se rarefazem; da mesma maneira, tendem também a desaparecer o balé e as músicas. Além disso, o conjunto das *dramatis personae* sofre algumas modificações. "Os bandidos sonhadores, os piratas, os corsários ingênuos" (H. Parigot) transformam-se em heróis mas, paralelamente, o vilão "negro da cabeça aos pés" subsiste em todas as suas formas anteriores: tirano, conspirador, conselheiro desonesto, gênio mau das famílias, mulher traidora etc. Heróis e heroínas sofrem uma perseguição mais violenta e sua vida encontra-se cada vez mais manchada por uma falta inicial que provoca a ira de pais nobres, menos bonachões mas mais preocupados em defender até a morte a honra de sua filha e de sua família. Enfim, a maior parte dos tipos melodramáticos tem seu comportamento enriquecido e diversificado, sob a influência dos novos tipos sociais que entram na moda por meio dos romances e dos romances de folhetim: notários, banqueiros, advogados defensores dos oprimidos, médicos dos pobres, artistas desconhecidos, operários e operárias e, como um toque pitoresco, muito dos pequenos afazeres da Paris de então. Encontram-se, assim, nos melodramas, um grande número de personagens secundários, como as costureirinhas, os carregadores de água, as vendedoras de laranjas, os cocheiros etc.

Algumas obras romanescas deixaram indelevelmente sua marca na temática e na tipologia dos melodramas, e isto até o final do século XIX: *A História dos Treze* (1842-1848), de Balzac, *As Memórias do Diabo* (1837), de F. Soulié, e sobretudo *Os Mistérios de Paris* (1842-1843) e *O Judeu Errante* (1844), de Eugène Sue. Chamar-se-á a atenção, em meio a múltiplos exemplos possíveis, para *La Famille martial (A Família Marcial)* (1895), de E. Blum e R. Toché. Nesta peça, que descreve um episódio do romance, são feitas alusões a numerosos personagens dos *Mistérios de Paris*: o "Esfaqueador", Rodolfo, Flor de Maria... Eles, entretanto, não aparecem jamais em cena, supondo-se que eram conhecidos de todos os espectadores. Sendo a maior parte dos melodramaturgos também romancistas, grande quantidade de romances foi adaptada para os palcos.

Os Autores

Victor Ducange *(1783-1833)*

Filho de um secretário de embaixada na Holanda, que possuía fortes convicções liberais, ele viaja bastante antes de se fixar em Paris, onde se contenta com um modesto emprego na administração e ensaia a composição de melodramas que ele inicialmente assina Victor. Suas duas primeiras tentativas, *Palmerin ou le Solitaire des Gaules* (1813) e *La Bague de Fer* (1818) *(A Argola de Ferro)*, rendem tributo à moda da Idade Média, em voga, mas já deixam transparecer um gosto por situações violentas, sublinhadas por uma encenação precisa e movimentada.

Encontram-se estas mesmas características em *La Cabane de Montainard ou les petits Auvergnats* (1818), que marcou a estreia de Marie Dorval nos palcos. Nesta peça, Dorval interpretava o papel de Amélie, filha do barão de Lérac, grande senhor malvado que mantinha, entretanto, uma aparência de bondade. Ele é na realidade um hipócrita que tenta matar o filho de sua irmã morta para apropriar-se de sua fortuna. Depois de uma avalanche, este filho, Charles, acaba por ser acolhido, com seu tutor, justamente no castelo do barão. Protegido por Dolzan, seu verdadeiro pai, também perseguido pelo barão, Charles consegue escapar a todas as suas armadilhas. Ele declara seu amor a Amélie, que descobre então que seu pai é um vilão. As últimas cenas se desenrolam numa cabana de montanha, onde os fugitivos haviam se refugiado. Graças ao heroísmo de Labrèche, um velho soldado, e à Providência, que soterra sob uma avalanche o barão de Lérac e seu acólito Robert, Charles recupera seus direitos e poderá desposar Amélie.

No ano seguinte, Ducange escreve, no mesmo estilo, *Le Prisonnier vénitien ou le Fils du geôlier (O Prisioneiro Veneziano, ou o Filho do Carcereiro)*. Suas convicções liberais e sua admiração por Voltaire conduzem-no, a seguir, à redação de um melodrama intitulado *Calas* e de um

Victor Ducange (1783-1833).

romance, *Valentine ou le Pasteur d'Uzès* (1821) *(Valentine, ou o Pastor de Uzès)*, no qual ele ataca violentamente a intolerância dos realistas do midi[2]. Este texto lhe valerá uma condenação a seis meses de prisão. Quando sai ele repete a mesma falta e funda um hebdomadário satírico, *Le Diable rose ou le petit courrier de Lucifer* (1822) *(O Diabo Rosa, ou o Pequeno Condutor de Lúcifer)*. Em meio a inúmeras zombarias aos exaltados, encontram-se ali também, curiosamente, ataques contra as inverossimilhanças do melodrama. Alguns meses mais tarde, depois de uma caçoada insolente contra a Academia Francesa, a publicação é suprimida. Ducange se vinga então por meio de um novo romance, *Thélène ou l'Amour de la guerre* (1822) *(Thélène, ou o Amor da Guerra)* que parece ao mesmo tempo bonapartista e imoral. Condenado novamente à prisão, Ducange se exila na Bélgica até 1825. Após 1830 ele se mantém à distância de toda polêmica política, continuando porém a escrever melodramas.

Nessas peças, paradoxalmente, as ideias liberais só aparecem em filigrana. Ducange explora principalmente alguns temas obsessivos que são continuamente retomados, com variações cada vez mais atormentadas: amantes que se descobrem irmão e irmã – *Adolphe et Sophie* (1816), *Le Testament de la pauvre femme* (1832) *(O Testamento da Pobre Mulher)* –, um assassino que se engana de vítima (uma mulher é morta no lugar de outra) – *Thérèse ou l'Orpheline de Genève* (1820) *(Teresa, ou a Órfã de Gênova)*, *La Suédoise* (1821) *(A Sueca)* –, um pai intransigente que amaldiçoa sua filha desonrada pelo homem amado – *La Vendetta ou la fiancée corse* (1831) *(A Vendeta, ou a Noiva Corsa)*, *Lisbeth ou la fille du laboureur* (1823) *(Lisbeth, ou a Filha do Lavrador)*, *Il y a seize ans* (1831), um dos maiores sucessos de público do autor. Nestes dois últimos dramas, observam-se, além disso, idênticos procedimentos de encenação: uma

2. Região do sul da França.

74

fazenda incendiada, uma ponte sobre um abismo, uma pintura realista e minuciosa dos meios camponeses.

Os melodramas de Ducange se caracterizaram sempre por uma encenação elaborada e rigorosa; as rubricas são numerosas e minuciosas, como em *Le colonel et Le soldat* (1820) *(O Coronel e o Soldado)*, por exemplo. Quanto ao desfecho, ele é de modo geral adiado e violento. Com o passar dos anos, a tonalidade romântica desses melodramas se afirma: num deles, *Mac-Dowel* (1826); um herói tenta se matar; noutro, *Thérèse ou l'Orpheline de Genève*, uma mãe é assassinada.

Esta última peça obteve um enorme sucesso, tendo sido frequentemente reapresentada ao longo de todo o século.

A Thérèse do título é uma jovem órfã acolhida pela Senhora de Sénange, e vai se casar com Charles, filho de sua benfeitora. Tendo adotado o nome de Henriette, Thérèse guarda um segredo: ainda que inocente de acusações que lhe foram imputadas, foi condenada à prisão e fugiu. O vilão Walter, que possui as provas de sua inocência, tenta fazê-la romper o noivado. Ele a chantageia e a pede em casamento, pois sabe também que ela é a filha natural de uma condessa da qual herdou toda a fortuna. Esta herança é, aliás, a causa direta da anterior condenação de Thérèse: ela é acusada de ter abusado da boa-fé da condessa, redigindo-lhe um falso testamento. O escândalo estoura. Expulsa da casa que a acolhera, Thérèse foge. No caminho, ela se detém na casa de empregados da Senhora de Sénange que a escondem. Neste entretempo, chegam à mesma casa a Senhora de Sénange e seu filho. À noite, durante uma tempestade, acreditando matar Thérèse, Walter mata a benfeitora. Encontrando Thérèse e crendo então estar diante da aparição daquela que ele julga ser sua vítima, ele revela seu crime e entrega os papéis que a inocentavam.

Seus últimos melodramas nos mostram heróis impetuosos e violentos que morrem numa cena final movimentada: os amantes de *La Fiancée de Lamermoor* (1828) *(A Noiva de Lamermoor)* perecem afogados num rochedo batido pelo mar; a jovem recém-casada de *La Vendetta* é morta por um tiro de fuzil na saída da igreja.

Enfim, em *Trinta Anos ou a Vida de um Jogador* (1831), um dos maiores sucessos do período romântico, interpretado por Frédéric Lemaître e M. Dorval, que tinham ali seu primeiro encontro no palco, assiste-se à lenta degradação do herói, que passa por todos os estágios da decadência humana e social.

Observa-se neste drama, tornado magnífico pelo delírio verbal e a veemência de Lemaître, um amontoado caótico de cenas e de quadros que transtornam todas as regras estabelecidas. A maior parte dos temas anteriormente desenvolvidos pelo autor em suas obras estão aí reunidos: a mulher infeliz, vítima de um homem possuído por uma paixão; uma tentativa de suicídio; uma criança a procura de seus pais; assassinatos, sendo que um deles com erro de pessoa; um cenário final miserável; um desfecho precipitado, com abismo e incêndio. Além disso, pela primeira vez num melodrama, a peça apresenta uma espécie de estudo moral e psicológico sobre a paixão do jogo e suas torpezas. O herói, no final do drama, é assim descrito: "com a idade de 55 anos, infeliz, vestido pobremente, envelhecido mais pela desgraça que pela própria idade e trazendo em suas feições a expressão do desespero junto à tentação do crime".

Jules Janin foi um dos únicos românticos a mensurar a importância desta peça e do teatro de Victor Ducange para o nascimento da estética dramática do romantismo. Nesse sentido, escreveu ele:

Ele anunciou a vinda de Victor Hugo. Ele fez muito mais para a aceitação do drama moderno do que todos os senhores do *cenáculo* [...]. Ele sabia que o povo não ama nem compreende as longas frases; que odeia os complicados arranjos de palavras, e ele ama um falar claro, breve, brutal, insolente; por isso ele ia direto a seu objetivo, sem perífrases, como um soco. Ele sabia também que o mais magnífico egoísta no mundo é o povo e ele não falava a seu povo senão das misérias, das virtudes, dos ódios e amores, das crenças e superstições desse mesmo povo [...]. Ele era o apóstolo do povo, seu lisonjeador assíduo, seu cortejador infatigável. Todos os seus dramas se passam mais frequentemente na choupana que no palácio, mais nas estradas que sob o teto doméstico; ele usou em suas peças mais camisas que fraques, mais chitas que veludos, mais tamancos que sapatos. Seu drama cheirava à barricada; podia-se sentir ali a luta íntima entre o pobre e o rico, entre o forte e o fraco.

Frédéric Soulié (1800-1847)

Em sua época, Soulié foi um escritor célebre, admirado e adulado, que não hesitava em se considerar entre os maiores. Ele seguiu um itinerário insólito, começando pelos palcos oficiais, antes de conhecer uma grande popularidade nos bulevares. Levou também, como muitos de seus confrades, uma vida estudantil politicamente agitada, participando de movimentos antimonarquistas e aderindo ao carbonarismo. Desistindo de imediato de uma carreira administrativa, liga-se aos meios literários e mostra uma admiração ilimitada por Casimir Delavigne. Em 1828 faz uma adaptação de *Romeu e Julieta*, no ano seguinte escreve *Christine à Fontainebleau*, drama em versos que fracassa no palco do Odéon. Orienta-se então para o jornalismo (*Le Mercure* e *Le Figaro*), colabora em revistas literárias (*La Mode, Le Voleur, La Pandore, Le Corsaire...*) e participa ativamente na Revolução de 1830.

Sua *Famille de Lusigny*, encenada em 1831, obtém um relativo sucesso, assim como *Clotilde* (1832), onde triunfa Melle Mars. Escreve na mesma época um romance de terror, *Les Deux Cadavres (Os Dois Cadáveres)*, e funda um jornal, *Napoléon*. Seus primeiros ensaios no Bulevar do Crime, *L'Homme à la blouse* (1832) e *Le Roi de Sicile* (1831), não fazem sucesso, mas seus romances *Le Vicomte de Béziers* (1834), *Le Magnétiseur* (1834) *(O Magnetizador)* e *Le Comte de Toulouse* (1835) dão-lhe uma certa notoriedade que a publicação de *Mémoires du Diable* (1837-1838) *(Memórias do Diabo)* em forma de folhetim, no *Journal des débats*, se transformará em um extraordinário sucesso popular. Estes quadros da vida parisiense nos quais não se encontra nada além de roubos, crimes, adultérios e incestos fizeram com que Soulié passasse a ser considerado como um romancista "tão fecundo e ainda mais verdadeiro que M. de Balzac" (H. Lucas). De 1838 a 1847 ele escreverá então mais de vinte romances sob forma de folhetim em *La Presse*, *Le Journal des débats* e *Le Siècle*. Soulié escrevia inúmeros de seus romances prevendo, nos cortes e na composição, a adaptação teatral que em geral seguia de perto o final da publicação nos jornais. Este procedimento é visível sobretudo em *Diane de Chivry* (1839), drama tirado de *Six mois de correspondance (Seis Meses de Correspondência)*, e em *Le fils de la folle* (1839), tirado de *Maître d'école (Mestre de Escola)*, ambos representados no Théâtre de la Rennaissance. No mesmo ano e no mesmo palco Soulié apresentaria também *O Proscrito*. São entretanto seus melodramas encenados no Ambigu que asseguram definitivamente sua reputação no Bulevar do Templo.

Estas peças, de carpintaria elaborada, frequentemente muito longas, escritas num estilo tão cuidadoso que parece hoje em dia verborrágico, apresentavam ora cruéis casos de paixão num contexto histórico, ora dramas familiares avivados por conflitos sociais.

À primeira destas linhas de inspiração deve-se a *Gaëtan Il mammone* (1842), história de um bandido de bom coração, mas infeliz no amor e *Les amants de Marcie* (1844) *(Os Amantes de Marcie)*, pintura de uma paixão que leva à morte dos dois amantes no último ato da peça, no qual a heroína envenena a si e a seu amante, revelando-lhe seu ato apenas quando já era tarde demais.

As outras peças rendem tributo às pinturas e às contestações sociais próprias da época que precede a revolução de 1848. Em *L'Ouvrier* (1840) *(O Trabalhador)*, vê-se um honesto marceneiro (numa pintura bastante realista da oficina, já que o próprio Soulié havia sido chefe de uma serraria), que criou duas crianças encontradas num mesmo berço, no campo de batalha. Ele não sabe, entretanto, qual dos dois é seu filho legítimo. Vinte anos mais tarde, um dos rapazes, de maneiras muito elegantes, apaixona-se por uma moça de sociedade. Surgem então os preconceitos sociais. Após muitas peripécias que põem em jogo disputas entre rivais, provocações de duelo e roubos de jóias, descobre-se no fundo falso de uma caixa o segredo dos nascimentos e os meios para identificar os dois jovens. O que tinha a aparência mais rústica e que havia aceitado seu destino de operário era na realidade filho de um nobre. Decepção para o outro, que vê seus sonhos de matrimônio e suas ambições tornarem-se repentinamente impossíveis. O herdeiro da nobreza finge, então, ter esquecido seu meio: é para melhor preparar a felicidade e reconciliação de todos. A peça se encerra com este aforismo: "Isto deveria provar-lhes que não existem duas honras, duas probidades, duas virtudes, e o que torna virtuoso o homem do povo também torna nobre o cavalheiro".

Encontramos as mesmas preocupações e o mesmo espírito em *Eulalie Pontois* (1843), *Les étudiants* (1845) *(Os Estudantes)* e sobretudo em *Closerie des Gênets* (1846) *(A Fazenda dos Gênets)*, um dos maiores sucessos do século. A peça cujo enredo se passa na Bretanha (com uma pintura muito precisa do meio camponês bretão) coloca em cena a honra perdida de uma moça que esconde de sua família o filho que cria. Devido a vários mal-entendidos, ora se pensa que a culpada é a filha de um militar nobre ora que é a filha do camponês. A reação dos pais – cujas famílias se encontram próximas devido a laços de amizade, mas distanciadas por suas posições sociais – é idêntica: clemente para a filha do outro, violenta e desesperada para a sua própria, chegando ambos a considerar a possibilidade de matar a filha culpada. Após a morte de Léona, mulher ciumenta e fatal que provocara o drama, tudo termina em um generoso perdão e um duplo casamento que despreza as barreiras sociais. A réplica de uma infeliz mãe solteira no começo da peça dá o tom do conjunto: "Se Deus puder me perdoar de não ter sido uma filha correta, será porque terei sido uma boa mãe".

Soulié morreu pouco tempo depois deste triunfo e é Hugo quem pronuncia o discurso de adeus sobre sua tumba.

Félix Pyat (1810-1889)

Muito jovem, Félix Pyat participa com entusiasmo das disputas literárias e políticas de seu tempo. Depois de 1830, lança-se com a mesma determinação no jornalismo e colabora em numerosas publicações como *Le Charivari*, *Le National*, *Le Figaro*, *Le Siècle* etc. O estilo de seus artigos, violento, imagético, declamatório, encontra-se, amplificado pela cena, em cada uma das peças que escreve entre 1830 e 1848. Elas são, ao mesmo tempo, petardos lançados em nome do povo e dos oprimidos contra o poder dos financistas, dos industriais e da sociedade estabelecida. O impulso de Pyat se distingue entretanto do romantismo, no qual ele só vê fantasias de monarquistas reacionários. Uma de suas peças, *Une Révolution d'autrefois ou les Romains chez eux* (1832) *(Uma Revolução de Outrora, ou os Romanos Deles)*, representada no Odéon, será proibida no dia seguinte ao de sua estreia. Os melodramas encenados nos palcos do bulevar conhecerão melhor sorte. Lá eles encontrarão seu verdadeiro público. *Le Brigand et le Philosophe* (1834) *(O Bandido e o Filósofo)*, por exemplo, exprime desde o prólogo o essencial das ideias socialistas que o autor desenvolverá em longos monólogos vibrantes em cada uma das peças que se seguirão:

Oscar: Nossa probidade, para nós, está na divisão; a de vocês está na acumulação. É fácil para os ricos serem probos, seguir as leis que eles instituíram para eles e contra os pobres. Vocês, cuja felicidade está nas rendas, para quem o ouro chega periodicamente, todos os meses, todos os anos, vocês ignoram o que um pobre sofre para ganhar honestamente um florim[...]. Há vinte anos saí das escolas onde eu tinha aprendido e comentado esta bela teoria: todos os cidadãos são iguais perante a lei! Mas na prática, que mentira! [...]. Que fazer então numa sociedade que lhe rouba porque você é pobre? É necessário se fazer ladrão para ser rico. É preciso se revoltar abertamente contra a lei e obedecer apenas ao instinto, como nós, bandidos, ou ainda melhor, fazer a própria lei servir às suas pilhagens, como nossos senadores, é menos corajoso, mas é mais seguro.

Em *Ango* (1835), melodrama histórico ambientado na época de Francisco I, que rememora as tribulações do célebre armador diepense (de Dieppe) exposto às tribulações e às perseguições do rei, assiste-se a um complô protestante organizado por Marot, Dolet, Calvin e Pare contra um decreto real. A censura suprimirá do drama a palavra complô e as seguintes linhas:

> É um complô como nunca se viu, um complô gigantesco que se ramifica universalmente, incessantemente, que estende seus milhares de braços do norte ao sul, do leste ao ocidente, que ameaça todas as nossas instituições ao mesmo tempo [...]. Sim, a anarquia está em seu vértice [...]. O horizonte político e religioso se anuvia horrivelmente [...] não há mais freio para estes homens perversos que só pensam em transtornos, em desordem, em rebelião.

Ela deixou passar, entretanto, violentos ataques ao poder real, como esta fala de Ango: "Digo que na corte do rei de França há apenas covardia; digo que os nobres senhores que a compõem são uma corja de infames, tendo à frente o mais infame de todos: o rei". Um outro personagem, Furstemberg, dirá mais adiante: "Trava-se a luta [...]. O súdito se revolta, o escravo não lambe a mão que lhe bate, ele a morde [...]. Está bem. Cuide-se, rei de França!".

E estas réplicas ganham ainda mais força quando se sabe que *Ango* estava em cartaz quando teve lugar no Bulevar do Crime o atentado de Fieschi[3].

Os dramas que se seguem recaem sobre a miserabilidade e acentuam ainda a violência da sátira social. O cenário de abertura dos *Deux serruriers* (1841) *(Os Dois*

---

3. Atentado organizado pelo francês de origem corsa Joseph Fieschi, contra o rei Luis Felipe, em 28 de julho de 1835, no qual foi morto o Marechal Mortier.

Serralheiros) representa, assim, "uma miserável mansarda sem móveis, sem fogo, quase sem luz. O vento e a chuva precipitam-se pelos vidros quebrados da janela". Vê-se ali "um velho moribundo, com as pernas enfiadas numa coberta usada, sentado num resto de poltrona", que dirá em certo momento: "Não há remédio para quarenta anos de miséria [...] é o câncer incurável do qual morro".

A peça desenvolve o tema do conflito entre a pobreza e a desonra: ou tornar-se rico aceitando ser criminoso ou ser honesto, mas permanecer pobre. Assim, os pobres que decidiram guardar intacta sua honra, são enganados por arrivistas ambiciosos ou tornam-se alvo da opressão e da crueldade dos ricos. Depois de ter sofrido inúmeras humilhações, eles reencontram entretanto, na última cena, a riqueza e os direitos que lhes haviam sido usurpados.

Le Chiffonier de Paris[4] (1847) retoma e amplifica esta temática. Frédéric Lemaître, que interpretou Jean, o trapeiro, deu uma dimensão magistral às diatribes lançadas contra os ricos: "Vocês têm tudo enfim[...] e nós não temos nada![...]. E vocês têm ainda necessidade disto que nos resta, de nosso solitário e único bem, nossa honra! Diminuam o apetite, por favor! Nós é que não vamos engolir!". Estas frases eram declamadas algumas semanas antes da Revolução de 1848. O drama de Pyat encontrou-se, assim, ligado aos eventos de fevereiro. Alguns pensariam mesmo que ele os teriam provocado. É certamente ir muito longe. Um sinal entretanto não deixa engano: uma representação gratuita do *Trapeiro* foi realizada em 26 de fevereiro. Neste dia, Lemaître, carregando na interpretação do papel, provocou o frenesi da plateia e obteve um dos mais belos triunfos de sua carreira. Alguns anos mais tarde, a propósito destes acontecimentos, J. Janin, acerbo, escreveria:

E então! de todos estes maus melodramas vocês podem dizer: "Eis o berço dos socialistas!" Eis aí, eis aí o ponto de partida do direito

4. Encenada no Brasil com o título *O Trapeiro de Paris*.

ao trabalho! Eis os espetáculos que provocaram todos esses ódios pavorosos, esses ferozes instintos de vinganças insaciáveis, cuja menor explosão transformou-se, hoje, no terror do gênero humano! Não, não foi o senhor Proudhon e sua famosa fórmula, da qual nunca tínhamos ouvido falar antes de 1848; não, não foram os filósofos fazedores de livros e declamadores in-32[5] que disseminaram a corrupção e a cólera nessas almas dóceis a todas as impressões, foram os dramas e os maus melodramas, foi a coisa colocada em carne e osso; a coisa em ação, mal vestida de alguns farrapos e sofrendo a fome, o frio, o inverno, a injustiça, o horror, o cárcere e o carrasco!

Depois destes movimentados episódios, Pyat só escreveu, para o teatro, *L'Homme de peine* (1885) *(O Homem da Punição)*, e consagrou-se inteiramente a uma vida política agitada, na qual constaram exílio, eleições para deputado e prisão.

Joseph Bouchardy (1810-1870)

Gravador de renome, inventor de um pantógrafo particular, o *physionotype*, ele frequenta o círculo de Pétrus Borel e se consagra então à escrita dramática. *Gaspardo le pêcheur*[6] (1837), que o torna imediatamente célebre distingue-se de outras produções melodramáticas da época por uma organizada complicação da intriga, uma superabundância de efeitos e de "golpes de teatro" meticulosamente arranjados que não deixam, em nenhum momento, cair o interesse do espectador. Théophile Gautier descreveria bastante bem esta técnica dramática:

Cada ato é uma peça inteira, e uma peça bem complicada; e são necessárias a robusta atenção e a ardente ingenuidade do

5. Antiga nomenclatura dada a livros, baseada no formato definido a partir dos número de dobras da folha inteira. Conforme o formato moderno o in-32 possui 10 cm de altura. Cf. entre outras, Wilson Martins. *A Palavra Escrita, História do Livro, da Imprensa e da Biblioteca*. São Paulo, Ática, 2001, p.120.
6. Encenada no Brasil com o título *Gaspardo, o Pescador de Placência*.

público para não se perder o fio que conduz os heróis através de semelhante labirinto de acontecimentos. Nunca antes as preparações e os motivos haviam sido tão desdenhados: a situação exige que um personagem apareça, ele apresenta-se em campo sem dizer nem de onde vem nem como chegou, resolve a dificuldade e se vai, até que se precise novamente dele, e suas entradas assim bruscas, sem outra motivação que o desejo do público de ver chegar o personagem necessário, são sempre aceitas e aplaudidas ao exagero.

Le Sonneur de Saint-Paul[7] (1838), que explora e amplifica os mesmos procedimentos, dá ao autor toda a sua notoriedade. Este drama poderia parecer, hoje em dia, como uma exploração dos limites da escrita melodramática. Com efeito, emana dessa implacável e necessária lógica, regida por suas próprias leis e impedindo qualquer recuo do pensamento, uma poesia dramática insólita e inquietante onde a sinceridade do delírio garante, apesar de tudo, a adesão da plateia. Sarcey notaria muito justamente, a propósito disto, que o melodrama de Bouchardy era "primo do vaudevile", afirmando que "tanto em um como no outro se negligencia o estudo de caracteres e as análises da paixão; ocupa-se ali particularmente com os fatos, chocando-os uns contra os outros e dirigindo seus saltos de forma que eles criem as situações dramáticas". Da mesma forma irônica escreveria um cronista teatral após uma reprise de *O Sineiro de São Paulo*, em 1862: "Para este tipo de drama, o sucesso, quando ele o obtêm, é duplo: é necessário, com efeito, vê-lo ao menos duas vezes: a primeira para ali se perder; a segunda para se reencontrar".

Era certamente fácil parodiar o estilo de escrita arquejante e alusivo que acompanha as peripécias e deixa ao ator, à música e à encenação a melhor parte. Um vaudevilista, à saída de uma reprise de *Lazare le pâtre*[8] (1840), melodrama inúmeras vezes representado durante todo o século XIX observaria o seguinte:

7. Encenada no Brasil com o título *O Sineiro de São Paulo*.
8. Também encenada no Brasil, com o título *Lázaro, o Pastor*.

84

Ela era bela, ela tinha trinta e quatro anos e eu dezesseis; eu a amava; seu irmão morreu; Deus tenha sua alma! Eu estava louco; mas o destino... – Fatal destino! – Destino fatal... Nenhuma palavra a mais; observam-nos (a orquestra: vling vlang taratat puf) etc.

Bouchardy distinguia-se, ainda, numa época em que a escrita em colaboração era quase uma instituição, por uma prática estritamente solitária de criação dramática. As peças que escreveu entre 1840 e 1850: *Pâris Le Bohémien* (1842); *Les Enfants trouvés* (1843) *(Os Enjeitados)*; *Les Orphelins d'Anvers* (1844) *(Os Órfãos de Anvers)*; *La croix de Saint-Jacques* (1849) *(A Cruz de São Jacques)*, que introduziu o magnetismo no drama; e *Jean, le cocher* (1852) *(Jean, o Cocheiro)*, ainda que explorando o mesmo veio e as mesmas técnicas, jamais se igualaram as suas primeiras obras mestras.

Depois de 1850, Bouchardy, que havia sido apelidado *Cœur de salpêtre (Coração de Salitre)*, viveu uma semirreclusão; seus últimos melodramas, *Le Secret des cavaliers* (1857) *(O Segredo dos Cavaleiros)* e *Michaël l'Esclave* (1859) *(Michel, o Escravo)*, não mais conseguiram despertar o entusiasmo de um público que havia, então, mudado de alma.

Adolphe Dennery (1811-1899)

Auxiliar de cartório que inicialmente tenta a pintura e depois o jornalismo, Dennery encontra sua expressão no teatro, criando aí um novo tipo de autor dramático, aquele ao qual os críticos da época chamariam com desprezo de "o carpinteiro" ou "o carcaceiro". Dennery imaginava sobretudo situações interessantes, construía, com minúcia, as complicações de uma intriga sempre bem elaborada e deixava a seus colaboradores (entre eles Labiche, A. Dumas filho e Júlio Verne), o cuidado de polir os diálogos e o estilo. Dennery "carpintou" assim mais de 250 peças das quais muitas alcançaram memoráveis sucessos populares e foram diversas vezes a salvação de diretores sem dinheiro. A propósito de seu primeiro grande sucesso, *La Grâce de Dieu ou la nouvelle Fanchon*[9] (1841), Dennery, dando a chave do conjunto de suas criações, declararia: "No melodrama, o acento de sinceridade tudo supre e nada o substitui".

A peça, que começa pela pintura da miséria camponesa na Savóia, mostra as tribulações de uma jovem, Maria, que juntamente a muitas outras, deixa a montanha para tentar fortuna em Paris, onde é perseguida pelo assédio de um perverso comendador. Depois da miséria do chalé, a miséria da mansarda; assiste-se, assim, aos dramas e torpezas dos camponeses desenraizados, na capital. Maria torna-se tocadora de sanfona no Bulevar do Templo. Ela é sequestrada pelo comendador, mas André, um fidalgo de sua região que lhe havia escondido sua nobreza, salva-a e a abriga em sua casa. Na Savóia, entretanto, murmura-se sobre Maria; seu pai vem procurá-la; ela lhe dá uma esmola sem reconhecê-lo. Sucumbindo a uma chantagem, André, a quem ela ama, é obrigado a casar-se com uma mulher de sua condição. Maria então fica louca e só recobra a razão quando volta à terra natal onde a esperam sua mãe, um bravo rapaz e numerosos amigos que haviam todos enviado aos céus fervorosas preces pela cura da infeliz.

Este itinerário iniciático partindo do espaço da inocência (o campo) e indo para o espaço do vício e da depravação (Paris e seus labirintos) será novamente seguido pelos heróis dos dramas seguintes, em particular pelos de *Bohémiens de Paris* (1843), na qual se encontra uma série de tipos caricaturais do *bas-fonds* (escória) da capital, como Crèvecœur, Chalumeau, Poplard e Bagnolet. Também nesta peça encontra-se uma soberba definição do termo *bohémien* (boêmio):

> Entendo por boêmios esta classe de indivíduos cuja existência é um problema, a condição um mito, a fortuna um enigma, que não têm nenhum domicílio estável, nenhum asilo conhecido, que não se acham em parte alguma e são encontrados por toda parte! que não têm um estado único e exercem cinquenta profissões; dos quais a maior parte desperta sem saber onde vai jantar à noite; ricos hoje,

9. Encenada no Brasil com o título *A Graça de Deus*.

esfaimados amanhã; prontos a viver honestamente, se puderem, ou de qualquer outro modo, se não o conseguirem.

La Dame de Saint-Tropez[10] (1844), peça na qual Frédéric Lemaître brilhou no papel de Georges, retomava as mesmas obsessões, acrescidas desta vez de violentas reivindicações sociais. Elas deixavam transparecer a ambição das novas camadas da população que buscava heróis na medida de seus sonhos: desbravadores, inventores, grandes militares ou capitães de indústria. O teor de algumas falas já anuncia o *Maître de Forges*:

> Filho do povo, tive para lutar contra o infortúnio, a força e a energia do povo. Repelido, por meu nascimento, de todos os caminhos que levam à fortuna, pedi ao oceano o que a terra me recusava. Simples marinheiro de um navio do Estado, entendi que jamais as dragonas de oficial cobririam meus ombros plebeus. Eu era bravo, jovem e forte; nós estávamos em guerra contra os ingleses. Com a ajuda de alguns amigos equipei um barco, que logo troquei por um navio tomado em abordagem. Persegui, até em suas possessões das Índias, os eternos inimigos da França [...]. Cobri minha embarcação de seu sangue e de seu ouro [...]. Durante dez anos fui corsário, trazendo alto e bem conservado meu pavilhão. Ao fim, o Ministro da Marinha me ofereceu um comando: recusei e continuei sendo o que era, o homem de minhas obras. O Ministro só me teria feito capitão de navio, mas sou almirante, ou mesmo rei, em Saint- Tropez, meu lugar, que me viu pobre e que ficou rico comigo; pois esta fortuna obtida ao preço de meu sangue serviu para distribuir trabalho e bem-estar em toda uma província. Graças a mim, mil e duzentos trabalhadores têm seu pão a cada dia. Eis aí [...], Conde, meus títulos de nobreza. Por mais antigos que sejam os seus, não os creio melhores que os meus. (Novo silêncio) Senhor Conde, peço a mão da Srta. de Auterive.

Estas novas reivindicações sociais encontrariam a plenitude de sua expressão com *Marie-Jeanne ou la Femme du peuple* (1845) *(Marie-Jeanne, ou a Mulher do Povo)*, um

---

10. Encenada no Brasil com o título *A Dama de Saint-Tropez*.

dos papéis no qual Marie Dorval mostrou toda a medida de seu talento. Jules Lemaître, por ocasião de uma reprise, em 1890, de *Marie-Jeanne*, analisou bastante bem o conteúdo deste tipo de melodrama:

Eu calculo que este gênero humilde e poderoso tem três propriedades fundamentais pois, inicialmente, ele excita em nós o assombro e a mais grosseira, mas também, a mais imperiosa curiosidade, por combinações extraordinárias de acontecimentos. Ele empresta ainda uma surpreendente inteligência ao Acaso, este "deus desconhecido", este deus de todo mundo, no fundo o primeiro dos deuses e o único diante do qual não há um ateu. Em seguida, ele nos envolve pelo espetáculo de sofrimentos muito violentos e pouco complicados, e finalmente ele contenta, sempre e plenamente, nossa ingênua necessidade de justiça distributiva e, batizando durante uma hora o Acaso de Providência, acaricia um de nossos desejos mais honrosos e mais difíceis de morrer.

Neste drama, Marie-Jeanne, honesta costureirinha, economizou durante dez anos para poder casar-se com o homem que ama, um pândego que dilapida rapidamente este pecúlio. Reduzida à miséria, ela primeiro entrega seu filho para ser criado por uma ama e depois ao asilo de enjeitados. Ela deixa junto a ele, para reconhecê-lo mais tarde, seu anel de casamento. O menino é roubado por um malévolo médico que o usa para substituir o filho morto de uma rica jovem, Sophie, que, por amizade, acaba de empregar Marie-Jeanne. Esta então reconhece seu filho na criança de Sophie. Creem-na louca. Depois de muitos reveses, ela termina por reaver seu filho e a felicidade. Marie Laurent, que viria a interpretar o mesmo papel de Marie Dorval, escreveu-lhe pedindo conselhos. "O papel tem seiscentas linhas de interpretação, respondeu Dorval, pois ele tem seiscentos efeitos diferentes". A respeito disso, Sarcey judiciosamente escreveria:

Não há em *Marie-Jeanne* grandes complicações de acontecimentos, e os que o autor escolheu são de uma inverossimilhança e de uma tolice raras. O estilo é dos mais medíocres, e de uma monotonia que chega às vezes ao ridículo. Mas o grito da mãe "Meu filho! Meu filho!" está sempre no ponto. Não precisa mais do que isso para mexer com todos os corações.

Sarcey continua, mostrando claramente como estes dramas de antes de 1848 já deixavam entrever uma estética realista e naturalista:

> Olhando por um outro ponto de vista, *Marie-Jeanne* poderia passar por uma peça naturalista, no sentido que se dá a esta palavra atualmente. Encontra-se ali esta pintura exata de costumes populares que tanto prazer deu às plateias em *L'Assommoir* [...]. O toque de Dennery é tão preciso e tão vivo quanto o de Zola...

A perda do filho amado que é encontrado no fim do drama é uma das constantes das peças de Dennery; ele é tido assim como o inventor da "cruz de minha mãe". Mas o que sobretudo caracterizava seus melodramas era uma grande exigência com relação à encenação e uma escolha sempre judiciosa dos atores que utilizava.

Depois de 1848, ele colaborou com Júlio Verne em inúmeros dramas espetaculares, escreveu ainda muitos melodramas de sucesso e teve um extraordinário momento de glória com *Les Deux orphelines* (1874)[11]. O sucesso foi tão grande que ele se decidiu, no fim da vida, a escrever romances de folhetim que retomavam as intrigas de suas peças *As Duas Órfãs* (1888), *A Graça de Deus* (1889), *Marie-Jeanne* (1893), seguindo assim um itinerário de escrita inabitual.

Auguste Anicet-Bourgeois (1806-1871)

Muito cedo, com a idade de vinte anos, Anicet-Bourgeois impôs-se como um mestre do melodrama e, com Dennery, como o "carpinteiro" mais hábil e mais inventivo. O filho de Masson, um dos mais próximos colaboradores

---

11. Ver infra, p. 97. Encenada no Brasil com o título *As Duas Órfãs*.

de Anicet-Bourgeois, confiaria a Sarcey no fim do século, a respeito das *Orphelins du pont Notre-Dame (As Órfãs da Ponte Notre-Dame)* (1849):

> Naquela época, levava-se todo um ano de trabalho a dois, e que trabalho! ardente e prolongado, para combinar os múltiplos fios de uma ação que era conduzida através de peripécias habilmente organizadas até o desfecho. Nada era improvisado nem deixado ao acaso. O senhor não imagina o cuidado meticuloso com o qual foram ajustadas todas as peças desta intriga que lhe parece agora tão ingênua e tão infantil.

Como "carpinteiro", Anicet-Bourgeois colaborou também com Ducange, com Pixerécourt (*Latude*), com Dumas, em alguns de seus romances e nas peças *Térésa*, *Angèle*, *Catherine Howard* e *Calígula* e com Labiche, em diversas comédias. Ele se especializou também no recorte e encenação de romances de folhetim: com Paul Féval ele adaptou *Le Bossu* (1862) *(O Corcunda)* e com Ponson du Terrail, *Rocambole* (1864).

Sua inspiração muito rica e diversificada (escreveu mais de trezentas peças) levou-o a compor dramas fantásticos, como *Les Pilules du Diable* (1839) *(As Pílulas do Diabo)*; peças tiradas da história contemporânea, como *Les Fugitifs* (1858) *(Os Fugitivos)*, que narra um episódio da Revolta das Índias; dramas militares, como *Marceau ou les enfants de la Republique* (1848) *(Marceau, ou os Infantes da República)* ou *Le Maréchal Ney* (1948); e dramas cujo tema falava sobre causas judiciárias célebres, como *Mademoiselle de La Taille* (1843). Triunfou em todos os gêneros melodramáticos e particularmente naquele que se chamaria à época "peças de lenços". Quanto a isso, o jornal *La Presse théâtrale*, de 18 de maio de 1856, constataria: "Deus é grande e Dennery e Anicet-Bourgeois são seus profetas".

Adotando sempre os assuntos e intrigas das diferentes modas seguidas pelo melodrama, Anicet-Bourgeois conheceu durante cinquenta anos uma sequência ininterrupta de sucessos. Da época romântica do melodrama, distinguem-se, sobretudo, *La Fille du portier* (1827) *(A Filha do Porteiro)*, que introduz no gênero um novo tipo, que entrará na moda: o jovem advogado defensor dos pobres e dos oprimidos que, na peça, condena seu próprio irmão sem saber; *La Nonne sanglante* (1835) *(A Freira Sanguinária)*, peça que rende tributo à moda de um romantismo de catacumba, selvagem e turbulento; *Le Drapier des Halles* (1837) *(O Mercador de Panos de Halles)*, onde se vê uma jovem dilacerada entre a afeição que sente por seu tutor e o amor que a liga a um pai ingrato; *Le Docteur Noir* (1846) *(O Doutor Sombrio)*, que põe em cena um outro novo tipo melodramático, o do jovem e inteligente médico que se devota aos pobres. Neste drama, entretanto, o médico é negro e ama uma mulher branca sendo por ela correspondido. A peça vale sobretudo por uma soberba cena romântica na qual os amantes, cercados pela maré em fúria, acreditam morrer; esta situação desesperada impele o médico a declarar seu amor. Eles serão salvos. As complicações sociais começarão então, com um casamento secreto, um retorno a França e a posição insustentável do jovem, que se torna empregado da família. Ele será finalmente encarcerado na Bastilha. Assistir-se-á então à queda da Bastilha, vista do interior de uma cela, e à morte, por devotamento, do jovem médico que se atira na frente de uma bala para salvar uma mulher.

Pode-se notar, nessa época, uma ressurgência dos dramas que evocavam problemas raciais, nos moldes de *Le Marché de Saint-Pierre* (1839) *(A Feira de Saint-Pierre)*, de B. Antier e A. de Comberousse, que alguns anos antes já havia desenvolvido o mesmo tema.

Outros dramas do período a serem assinalados são *Les Mystères du carnaval* (1847) *(Os Mistérios do Carnaval)*, que narra um inquérito policial com uma encenação plena de bons achados e sobressaltos e *Les Sept péchés capitaux*[12] (1848), peça composta com Dennery, na qual os principais

---

12. Encenada no Brasil com o título *Os Sete Pecados Capitais.*

personagens representam, cada um, um vício e na qual a onomástica tem um papel importante.

Depois da Revolução de 1848, dentro do novo tom dos dramas de bulevar[13], a lista de sucessos obtidos por Anicet-Bourgeois continua ainda impressionante, são encenadas entre outras: *La Mendiante* (1852) *(A Mendicante), La Dame de la Halle* (1852) *(A Dama do Mercado), L'Aveugle* (1857) *(O Cego), La Fille des chiffonniers* (1861) *(A Filha do Camponês), Les Pirates de la Savane* (1859) *(Os Piratas do Savana), La Bouquetière des Innocents* (1862) *(A Florista dos Inocentes)* e *La Fille du paysan* (1862) *(A Filha do Trapeiro),* escrita com Dennery.

Sobre o túmulo de Anicet-Bourgeois, E. Arago, que com Dumas filho pronunciou um discurso de adeus, assinalou a tentativa do autor de construir pouco a pouco dramas que procuravam se libertar da desordem sentimental da linguagem em proveito do ritmo, da originalidade e do patético das situações. Disse ele:

> Quando o seguimos obra por obra, vemo-lo pouco a pouco repudiar os golpes de teatro extravagantes, abrandar os exageros do sentimento, renunciar ao *pathos* da linguagem [...]. Tornando-se assim mais razoável, na essência e na forma, sua arte de emocionar não perdeu nada; ao contrário, ele emprestou um vigor incomum à maior simplicidade de meios, à veracidade das emoções e à clareza do pensamento escrito.

É verdade que os melodramas de Anicet-Bourgeois, católico convicto, procuraram pouco a pouco, como os de Dennery, temperar os exageros. Como dizia um de seus colaboradores, Lemoine-Montigny,

> Eles representam sobretudo a escola do drama interessante e principalmente enternecedor, do drama íntimo, geralmente moralizador, quase sempre observador e atual, democrático, no bom sentido do termo, sabendo fazer chorar a multidão, mesmo não lhe disfarçando seus piores aspectos.

13. Ver capítulo "O Melodrama Diversificado (1814-1914)".

Entre os numerosos autores de melodramas desta época, conviria distinguir ainda Dugué que, antes de tornar-se o fiel colaborador de Dennery e de Anicet-Bourgeois havia escrito dramas em versos para o Odéon, como *Castille et Léon* (1838) e *Les Pharaons* (1848) *(Os Faraós)*; Dupeuty e Grangé "confeccionadores no feitio do Bulevar do Crime" que, com *Fualdès* (1848), conheceram um sucesso brilhante e durável, devido também ao talento de Marie Laurent; e finalmente Eugène Sue, que escreveu *Les Pontons* (1841) *(As Embarcações)* e *Pierre le Noir ou les chauffeurs* (1842) *(Pierre, o Negro ou Os Chauffeurs)*, com Dinaux, *Mathilde* (1842), com Félix Pyat, e *Le Morne au Diable* (1848) *(O Morro do Diabo)*. Sue adaptou para o palco, além disso, com diversos colaboradores, seus principais romances: *Les Mystères de Paris*[14] (1844), *Martin et Bamboche* (1847), tirado de seu romance *Martin l'enfant trouvé (Martin, o Enjeitado)*, e *Le juif errant* (1849) *(O Judeu Errante)*.

Não se poderia terminar esta revisão dos principais autores de melodramas sem indagar sobre o pertencimento do teatro de Hugo, Dumas pai e Merimée ao mundo do melodrama.

Hugo, muito marcado em sua juventude por uma representação de *Ruines de Babylone*, iniciou sua carreira dramática com um melodrama: *Inez de Castro* (1819). Por outro lado, os dramas da maturidade, quando não eram realçados pelo lirismo, pareciam já, aos olhos da crítica da época, como simples melodramas.

É evidente que ele não teve outro ensejo que o de escrever um curioso melodrama (escreveria *Le Temps*, em 4 de fevereiro de 1833, a propósito de *Lucrèce Borgia)*. O objetivo foi alcançado, ele ultrapassou em sete ou oito cadáveres e igualmente em incestos *La Tour de Nesle.*

Os dramas de Dumas, sob muitos aspectos, parecem também bastante próximos do *canevas* (estrutura) do me-

14. Encenado no Brasil com o título *Os Mistérios de Paris*.

lodrama, *La Tour de Nesle* (1832) e *Richard Darlington* (1831)[15] em particular, mas sobretudo as dezenas de dramas que Dumas escreveu às pressas com seus colaboradores para os palcos do bulevar.

Quanto a Merimée, desde 1825, com as peças do Théâtre de Clara Gazul, particularmente *Les Espagnols en Danemark (Os Espanhóis na Dinamarca)* e *La Famille de Carvajal,* ele já havia dado carta de nobreza ao melodrama.

A poética explosiva e confusa do melodrama românâtico, não sendo tão estritamente codificada como a do melodrama clássico, torna difíceis as classificações rigorosas. São tão somente os critérios ditos "literários" que permitem distinguir entre drama e melodrama, mas de um ponto de vista estritamente teatral é indubitável que os dramas de Hugo e Dumas têm alguma ligação com a estética de Dennery, de Ducange ou de Anicet-Bourgeois.

---

15. Ambos encenados no Brasil, o primeiro com o título *A Torre de Nesle* e o segundo sem alteração do título.

O MELODRAMA DIVERSIFICADO (1848-1914)

O advento do Segundo Império[1] vai novamente modificar o espírito e as técnicas do melodrama. O rigor e a censura do novo regime impõem-se imediatamente e calam as opiniões mais contestatórias: *Richard Darlington, L'auberge des Adrets, Robert Macaire, Ruy Blas, Le chiffonier de Paris* são proibidas. No mesmo momento, entretanto, o público elegante, os intelectuais, os boêmios reencontram o caminho do Bulevar do Templo que, depois de ter sido, de 1848 a 1851, um campo de batalha, volta a ser o lugar da moda, onde se misturam todas as classes sociais.

Quanto ao melodrama propriamente dito, começa a sofrer a concorrência de outros gêneros como o vaudevile,

---

1. Denominação dada ao período de governo de Napoleão III (1852-1870).

Fisionomias do público.

nascido na mesma época que ele, e que encontra na nova mentalidade coletiva as condições ideais para seu pleno desenvolvimento, fazendo muito sucesso; e a opereta, que em pouco tempo, contando com os talentos conjugados de H. Schneider e de Offenbach, suscitará os entusiasmos mais extremos, para desespero de Zola, que escreveria, em 1868: "a literatura dramática agoniza nos duos das operetas e nas coplas dos cafés-concerto".

Para seduzir este público renovado, enriquecido pela prosperidade circundante e que era sobretudo sensível ao charme e às emoções do espetacular, os melodramaturgos (entre eles Dennery e Anicet-Bourgeois, mestres da época precedente) adaptaram os estereótipos do gênero às exigências do momento e aumentaram, ainda, o número de quadros, em razão da divisão das intrigas dos romances de folhetim. Esta dependência ante o romance (o drama, segundo Sarcey, transformara-se na "quintessência do romance-folhetim") teve por consequência direta o aumento considerável do número de personagens nas peças, fenômeno que toca também o vaudevile, intensifica-se com o passar dos anos e chegará ao ápice no fim do século, com os vaudeviles de Feydeau e os melodramas de Ponson du Terrail, de Xavier de Montépin e de Pierre Decourcelle. Para enriquecer também o aspecto "ocular" desses melodramas, e concorrer em melhores condições com os outros gêneros, adicionou-se a eles ainda, como nos "velhos e bons tempos", balés e coplas cantadas. A encenação, contando com novas técnicas, iria popularizar os melodramas de "truque", nos quais a própria intriga se organizava em torno de inovações técnicas espetaculares e originais. Viu-se, assim, pouco a pouco, aparecerem nos melodramas as últimas invencionices da ciência (o magnetismo e o hipnotismo tiveram uma bela carreira nos bulevares), mas também, por exemplo, as novas formas de transporte, particularmente o trem e o barco a vapor. Por outro lado, estes mesmos transportes modernos modificariam a vida dos espectadores facilitando o acesso das gentes da província aos espetáculos da capital e possibilitando, além disso, as turnês nacionais e internacionais que levaram os espetáculos melodramáticos para fora das fronteiras de Paris e da França.

Poderíamos distinguir, grosso modo, dois grandes momentos na história do melodrama desta época: até 1862, ano que vê o triunfo do *Bossu*, de Paul Féval, o melodrama faz muito sucesso; após este evento, observa-se uma clara insatisfação com relação a ele (o considerável sucesso de *Patrie*, de Sardou, em 1869, parece um fenômeno isolado), devido a diversos fatores: as grandes obras que Haussmann inicia então, e que modificariam consideravelmente a topografia dos bulevares; e além disso, a Exposição de 1867, Hortense Schneider, a opereta e os cafés-concerto que durante alguns anos "roubam" do melodrama numerosos espectadores. O gênero continua entretanto a ser encenado, sem todavia suscitar grandes entusiasmos.

Durante a guerra de 1870, os *foyers* dos teatros serviam de enfermaria, mas as peças continuavam a ser encenadas. Em 1871, o teatro da Porte de Saint-Martin foi destruído por incendiários. A sala de espetáculos foi reconstruída em 1873 e Dennery traz-lhe novamente os espectadores com *As Duas Órfãs* (1874). O extraordinário sucesso da peça relança a voga do melodrama até aproximadamente os anos 1890, quando passa a ser o veículo privilegiado das ideias socialistas, antes de tornar a cair em relativo esquecimento durante os primeiros anos do século XX. Neste momento, os melodramas patrióticos e nacionalistas que precedem a guerra devolvem durante algum tempo, a um gênero que se estiolava na repetição constante de procedimentos, um renovado vigor.

O melodrama acompanhou, portanto, nesta segunda metade do século XIX, todos os movimentos teatrais da época, sem se modificar profundamente. Mesmo preservando seus estereótipos, ele se diversificará, entretanto, apresentando peças que, dependendo do caso, sublinhavam particularmente um de seus componentes tradicionais.

Podemos distinguir, neste fim de século, quatro grandes inspirações melodramáticas: o melodrama militar, patriótico e histórico; o melodrama de costumes e naturalista; o melodrama de aventuras e de exploração; o melodrama policial e judiciário.

O Melodrama Militar, Patriótico e Histórico

As guerras do Segundo Império e a retomada da expansão colonial favorecerão o melodrama militar, as paradas e as cavalgadas que haviam obtido tanto sucesso no Circo Olímpico sob o Primeiro Império. Entre os dias revolucionários de 1848 e o golpe de Estado de 2 de dezembro[2], a incerteza política reinante viu nascerem dramas de tendências políticas as mais diferentes. Assim, em *Chodruc-Duclos* (1850), de Royer, Vaez e Delaporte, assiste-se à preparação de uma conspiração realista contra Napoleão I, e *Le Comte de Sainte-Hélène* (1849), de Desnoyer e Nus já havia colocado em cena os episódios de lutas entre bonapartistas e realistas, sob o Diretório. Voltam também à moda algumas das grandes figuras militares do Primeiro Império, como *Le Maréchal Ney* (1848), de Dupeuty, Anicet-Bourgeois e Dennery, enquanto *Marceau ou les Enfants de la République* (1848), de Anicet-Bourgeois e Masson, por sua vez, exaltava as virtudes da República. Esta última peça teve inclusive um grande sucesso antes de ser proibida com a proclamação do Império.

No final do mês de dezembro de 1851, Labrousse estreava um *Bonaparte en Egypte*, em honra e glória do bonapartismo, à qual seguiu-se, em 1852, *La Prise de Caprée ou les Français à Naples* (*A Tomada de Capri, ou os Franceses em Nápoles*). Uma série de melodramas, frequentemente encenados no Théâtre Imperial du Cirque,

2. Golpe de Estado de Luis Napoleão, que, entre outras medidas, dissolve a Assembleia Legislativa.

sustentarão e celebrarão a política militar de Napoleão III. Em 1854, no momento da guerra da Crimeia, foram levadas à cena *L'armée d'Orient (O Exército do Oriente)*, de Albert e Lustières e *Schamyl*, de Meurice, na qual se via a armada francesa ser acolhida na Rússia por estas palavras: "Sejam benvindos, soldados do pensamento, eu os esperava! Há vinte anos que eu mantenho a chama com a qual vocês provocarão o incêndio. Sejam benvindos. O Oriente dá a mão ao Ocidente para esta guerra dos povos".

Em 1855, durante a Exposição Internacional, inúmeras peças contarão, em quadros grandiosos e suntuosos, a história da França e de sua capital, como por exemplo *Paris* em 26 quadros de Meurice, ou ainda em *L'Histoire de Paris*, de Barrière e De Kock. Em 1858, os mesmos autores escreverão *Les Grands Siècles (Os Grandes Séculos)*, espetáculo que se encerrava com uma copla que glorifica o Imperador, após a vitória de Sebastopol. No mesmo espírito, Woestyn, Crémieux e Bourget compõem *La Voie sacrée ou les Etapes de la gloire* (1859) *(A Via Sagrada, ou as Etapas da Glória)*, retraçando episódios da campanha da Itália. É nesta mesma época que se vê reaparecerem nos melodramas os personagens dos velhos militares orgulhosos e resmungões, minuciosamente ocupados com sua honra e com a honra da pátria. O mais célebre neste estilo foi *Le Vieux Caporal* (1853)[3] *(O Velho Cabo)*, de Dumanoir e Dennery, magistralmente interpretado por Frédéric Lemaître.

O desastre de 1870[4], humilhando o amor próprio nacional que havia sido exaltado pelo extraordinário sucesso de *Patrie*, de Sardou, dará entretanto um renovado vigor a este gênero de peças. A retomada da expansão colonial provocará os mesmos efeitos. Poderíamos ressaltar, nesta abundante produção, *Le Régiment* (1890) *(O Regimento)*, drama de J. Mary e Grisier, no qual se escovavam cavalos

---

3. Encenado no Brasil com o título *O Velho Cabo da Esquadra*.
4. Rendição de Napoleão III em Sedan, que deslancha uma série de eventos, culminando com a invasão da França e a tomada de Paris pela Prússia, nos quais o orgulho nacional francês é gravemente abalado.

em cena; *Les Volontiers de la Loire* (1890) *(Os Voluntários da Loire)*, de Meynet; *Au Dahomey* (1892), de O. François, E. Gugenheim e G. Le Faure; *Sabre au clair* (1894), de J. Mary; *Papa la vertu* (1898) *(Papai e a Virtude)*, de Decourcelle e Mazeroy, em que se observa como pano de fundo a guerra de Tonkin; e *Les Dernières Cartouches* (1903) *(Os Últimos Cartuchos)*, de J. Mary e Rochard. Em torno de 1900, esta produção, sustentada pelo sucesso dos cantos e dos dramas de P. Déroulède como *Messire Du Guesclin* (1895) *(Senhor Du Guesclin)* ou *La Mort de Hoche* (1897) *(A Morte de Hoche)*, adquirirá um tom de revanche nos melodramas patrioteiros que precederam a guerra de 1914 como *Les Pierrots* (1909) *(Os Pierrôs)*, de G. Grillet e *Cœur de Française* (1912) *(Coração de Francês)*, de A. Bernède e A. Bruant.

Ainda que tenham sido acusados, depois de 1870, de ter enfraquecido a França com seus romances, Erckmann e Chatrian também escreveram algumas peças como *L'Ami Fritz* (1877) *(O Amigo Fritz)* ou *La Guerre* (1885) *(A Guerra)*, episódio da luta entre Masséna e Souvarov, que poderiam ser associadas a esta linhagem de melodramas nos quais, segundo a expressão popular, "ia-se comer clarins e beber tambores".

Permanecerá em voga, nesta época, o melodrama histórico tradicional que Dumas, em 1847, havia tentado reviver no palco do Théâtre Historique, com peças como *La Reine Margot (A Rainha Margot)* ou *Le Chevalier de Maison--Rouge (O Cavaleiro da Casa Vermelha)*. Após este período, Dumas continuaria a compor peças históricas elaboradas no mesmo padrão, como *Le Gentilhomme de la Montagne* (1860) *(O Fidalgo da Montanha)* e *La Dame de Monsoreau* (1863). Também Maquet, colaborador de Dumas, escreveria alguns dramas de sucesso explorando o mesmo veio, como por exemplo *Le Château de Grantier* (1852) *(O Castelo de Grantier)* e *Le Comte de Lavernie* (1854). Cite-se ainda outros autores que trabalharam em estilo idêntico, como Th. Anne, com *La Chambre rouge* (1852) *(A Câmara Vermelha)*;

P. Meurice, com *Fanfan la Tulipe* (1858); P. Faucher, com *Maurice de Saxe* (1859), cujo último quadro reproduzia a tela de Horace Vernet em Versailles; Anicet-Bourgeois e J. Barbier com *La sorcière ou Les Etats de Blois* (1863) *(A Bruxa, ou os Estados de Blois)*; e Ch. Garand, com *Les Orphelins de Venise* (1868) *(Os Órfãos de Veneza)*.

A esta tradição do melodrama histórico, poderíamos acrescentar ainda os melodramas de "capa e espada", nascidos com *Os Três Mosqueteiros* dos quais Dumas ainda fará render *Le Prisonnier de la Bastille ou la Fin des Mousquetaires* (1861) *(O Prisioneiro da Bastilha, ou o Fim dos Mosqueteiros)*. Também *Cartouche* (1858), de Dennery e Dugué, explora o mesmo veio e mostra, curiosamente, um bandido bastante simpático nas primeiras cenas, que se tornará odioso nas últimas. Um ofegante episódio de perseguição sobre os tetos de Paris era o grande trunfo do espetáculo que foi, durante muito tempo, célebre no bulevar. Mas a obra-prima incontestável do gênero foi, nesta época, *Le Bossu* (1862), de Paul Féval e Anicet-Bourgeois, na qual triunfou Mélingue.

No domínio do melodrama histórico, entretanto, uma peça e um autor imprimiram sua marca no gênero por muitos anos: *La Bouquetière des Innocents* (1862), de Dugué e Anicet-Bourgeois, e Victor Séjour com o conjunto de sua obra.

La Bouquetière des Innocents

Este movimentado drama mistura inteligentemente uma intriga amorosa com os grandes acontecimentos políticos que se seguem ao assassinato de Henrique IV. Estas peripécias transtornam a vida dos heróis e dos grupos sociais aos quais eles pertencem. Em filigrana, insere-se também uma intriga policial e assiste-se às diversas maquinações políticas que precedem diretamente a queda dos Concini. Como pano de fundo está a Bastilha onde se vê os pequenos humilharem os grandes, num quadro que ficou célebre ao mostrar, parte a parte, carregadores do mercado, burgueses e operários derrubarem a liteira de Léonora Galigaï e opor à grande dama, Margot, a florista do Mercado dos Inocentes.

Victor Séjour (1821-1874)

Apaixonadamente engajado nas lutas românticas, Séjour começou sua carreira dramática encenando dois dramas em cinco atos e em versos no Théâtre Français: *Diagaras* (1844) e *La Chute de Séjan* (1849) *(A Queda de Séjan)*. Os exageros hiperbólicos e sonoros de sua escrita dramática levaram-no naturalmente para os teatros do bulevar, onde ele comporia dramas históricos carregados de barulhos e de furor. A importância dada em suas peças ao "quadro vivo", aos cenários e às batalhas prejudicam frequentemente a coerência dramática do conjunto. Esses dramas, que valem sobretudo por seu ritmo e seu movimento espetacular eram, todavia, bastante apreciados pelo público que vibrava com a apresentação de imagens de Epinal contando a História e suas histórias. Assim, graças a Victor Séjour, por volta dos anos de 1860 o público retoma o gosto pelo drama histórico que parecia ter sido por ele abandonado depois de *A Torre de Nesle*. Em meio a uma numerosa produção, poderíamos distinguir, entre suas obras, *Les Grands Vassaux* (1851) *(Os Grandes Vassalos)*, peça que terminava com a frase "Meu Deus! Meu Deus! Velai pela felicidade e pela grandeza da França"; *Richard III* (1852), *Les Noces vénitiennes* (1855) *(As Núpcias do Veneziano)*, *Compère Guillery* (1860) *(O Compadre Guillery)*, *Les Massacres de Syrie* (1860) *(Os Massacres da Síria)*, *Les Volontaires de 1814* (1851) *(Os Voluntários de 1814)*, *Le Fils de Charles Quint* (1864) *(O Filho de Charles Quint)* e *Le Marquis Caporal* (1864) *(O Marquês Cabo)*. Um dos grandes sucessos de Séjour foi obtido por um drama que pintava com habilidade um quadro popular dos arredores do Templo em 1832: *Les Mystères du Temple* (1861) *(Os Mistérios do Templo)*.

102

O Melodrama de Costumes e Naturalista

As questões de família: crianças perdidas e reencontradas, heranças, duelos, ciúmes, casamentos, matrimônios desiguais faziam parte, desde muito, da temática do melodrama. Com a ascensão de novos estratos sociais o diálogo castelo-choupana vem para o centro da cena. Os direitos de precedência e os preconceitos familiares e sociais são estudados sob a forma de quadros de costumes pintados com bastante justeza. É uma forma de melodrama que poderíamos chamar "de costumes", ou, segundo uma expressão da época, *demi-mondain**. Esta inspiração, que será visível sobretudo no teatro de Augier e de Dumas filho, também terá lugar no melodrama, em peças como *Le bouquet de violettes* (1849) *(O Buquê de Violetas)*, de Dumanoir e Dennery; *Les oiseaux de proie* (1854) *(As Aves de Rapira)*, de Dennery, *Les mères repenties* (1858) *(As Mães Arrependidas)*, de Mallefille; *Valentine d'Armentières* (1861), de Dumanoir e Dennery; e *L'amour qui tue* (1865) *(O Amor que Capota)*, de Ch. Garand.

Esta pintura dos meios sociais *demi-mondains* e de suas lutas intestinas chegaria, no fim do século, a seu resultado lógico, com a adaptação para o palco do romance de G. Ohnet *Le Maître de Forges*[5] (1883), na qual um novo capitão de indústria consegue, por sua tenacidade e bom coração, ser amado por uma jovem da alta sociedade, seguindo a inspiração dada pela obra *Roman d'un jeune homme pauvre* (1858) *(O Romance de um Pobre Rapaz)* de O. Feuillet. Poderíamos citar ainda, neste mesmo estilo, os dramas *Le Sang-mêlé* (1856) *(O Sangue Misturado)*, de E. Plouvier, *Le Maître d'école* (1859), de P. Meurice e *Une Pécheresse* (1860)

---

*. Trata-se do ambiente em que a *demi-mondaine*, a "meio-mundana" na dupla acepção da palavra mundano, a mulher de costumes ligeiros, e constitui-se numa referência marcante da mescla de equívocos, posição social, política e dinheiro que dominavam nestas esferas. (N. da E.)

5. Encenado no Brasil com o título *O Mestre de Forjas*.

(Uma Pecadora), de Prébois e Barrière, no qual, numa interessante cena, uma mulher jura sobre a cabeça de seu filho que não era amante de um homem. Neste momento anunciam-lhe que seu filho está morto. Na última cena, entretanto, o menino voltará à vida.

Alguns críticos, Sarcey em particular, viram em *L'Étrangère* (1876), de Dumas filho, um melodrama deste gênero. A esse respeito, ele escreveria:

> Dumas nos apresentou *L'Etrangère*. *L'Etrangère* é um melodrama puro, com a mulher fatal, uma virgem do mal vinte vezes milionária; com a duquesa apaixonada por um plebeu que é um ser ideal, um charmoso príncipe; com um Ianque salvador que pune o vilão com um golpe de pistola, o que permite aos apaixonados se casarem. Todos os elementos do antigo melodrama ali estão, mas são ressaltados por novos temperos! Um gosto de realismo no estudo da vida, teorias científicas e morais sucedendo aos gritos de paixão, os acontecimentos subordinando-se, ou parecendo subordinar-se a uma lógica superior: assim é a lei moral que emana de Deus. Tudo isso misturado, remexido, confundido, como esta famosa salada da qual ele deu a receita em *Francillon*, uma salada composta por diversos ingredientes, maravilhosa, que reaviva o apetite dos mais entediados e contenta os gostos dos mais delicados.
>
> Acreditei que Dumas avançaria mais neste novo veio onde acabava de se engajar e que nos daria um tipo de melodrama, como nos havia dado um da comédia de tese. Mas a péssima recepção de *La princesse de Bagdad*, que não passava de um melodrama do mesmo gênero, porém menos brilhantemente executado, esfriou-o sem dúvida, e a fórmula do melodrama do futuro ficou ainda por ser encontrada.

O público do bulevar preferia, entretanto, o mais pitoresco e as oposições mais nítidas. Nos primeiros anos do Império, algumas peças fizeram-se intérpretes de um movimento que preconizava a reconciliação entre as classes e a manutenção do *status quo* social. Deste modo, *Gueux de Béranger* (1855) *(O Mendigo de Béranger)*, de Dupeuty e Moineaux, por exemplo, terminava com a canção:

> Se ricos e pobres,
> Se amam entre si,

São pessoas felizes,
Pr'os dois, viva! viva![6]

Em *Guillaume le débardeur* (1848) *(Guillaume, o Estivador)*, de Dumersan e Delaborde, intitulado "drama popular", este desejo de imobilismo social havia sido ainda mais claramente exprimido, numa longa canção que detalhava os deveres do operário e da qual citaremos apenas duas estrofes:

> Somos todos operários sobre a terra;
> Não há ninguém que não tenha profissão;
> Rico ou pobre trabalha à sua maneira,
> Que não se pode viver sem ter função.
>
> Muitas vezes a riqueza a gente inveja.
> Sem saber o quanto ela exige de labuta.
> Feliz do homem que da preguiça se arreda,
> Pr'a ele ao alcance do braço está a fortuna.[7]

Encontra-se mesmo um singular elogio da miséria, no melodrama de Deylis e Barbara *Le Pont Rouge* (1858) *(A Ponte Vermelha)*: "Ricos, felizes, dormiríamos talvez entre as delícias de Cápua; pobres e rejeitados, num momento de desespero e de cólera santa, nós faremos milagres".

Esta tentativa de reconciliação das classes não dura muito. O melodrama preferiu orientar-se para a pintura de meios sociais mais pitorescos que aqueles do *demi--mondain*, sublinhando violentamente os contrastes entre os ambientes ricos e os despossuídos. Desta forma, em *Les Compagnos de la truelle* (1859) *(Os Companheiros de*

---

6. Riches et gueux, / S'ils s'aiment entre eux, / Sont les gens heureux, / Vivent les deux!

7. Nous sommes tous ouvriers sur la terre; / Il n'est personn' qui ne fasse un métier; / Le riche ou le pauvr' travaille à sa manière, / Car on ne peut pas vivre sans travailler. Souvent on porte envie à la richesse, / On ne sait pas combien elle a d' tracas, / Mais l'heureux homme enn'mi de la paresse, / Dont la fortune est au bout de ses bras.

105

Trolha), de Cogniard e Clairville; em *La dame de la Halle* (1852), de Anicet-Bourgeois e Masson e, sobretudo, em *La Fille des chiffonniers* (1861), de Anicet-Bourgeois e Dugué, os autores apresentam uma alternância de cenas que se desenrolam nos *boudoirs*[8] e nos grandes salões com outras que se passam em cabanas ou em mansardas miseráveis. Em *La Fille des chiffonniers*, um trapeiro acredita ter matado sua mulher. Nada disso aconteceu. Aquela, depois de intrigas e enganos, transformou-se em uma dama da alta sociedade, o que possibilita ao trapeiro, em plena reunião mundana, entoar uma copla vingadora na qual ele opõe a honra dos pobres à, menos exigente, dos ricos. Este tipo de copla, encontrado então na maior parte das peças do gênero, era esperado e muito aplaudido. Em *La Fille des chiffonniers*, eis o que diz o trapeiro:

> Digo que esta que se faz chamar Senhora Baronesa Dartès [...] e que vemos coberta de diamantes, é a mulher de Bamboche, o trapeiro aqui presente. E não é ela que deve se envergonhar de Bamboche, é o trapeiro que se envergonha dela.

A pintura de alguns outros meios sociais era também particularmente apreciada, como por exemplo a dos artistas apresentados, eles também, em oposição aos poderes do dinheiro e da política. É a partir deste ponto de vista que, em 1852, Mélingue triunfa em *Benvenuto Cellini*, de P. Meurice; que Anicet-Bourgeois e Theodore Barrière compõem *La Vie d'une comédienne* (1854) *(A Vida de uma Comediante)* e Dugué e Jaime filho, *La Fille du Tintoret*, em 1859. A melhor das peças deste gênero é talvez *L'Aveugle, (O Cego)* de Dennery e Anicet-Bourgeois, na qual encontramos este aforismo, que resume seu espírito: "Uma obra-prima terá sempre um preço bem diferente do de um cofre-forte".

Reencontramos estas relações entre o dinheiro e os preconceitos sociais na pintura dos meios estudantis popu-

---

8. Gabinete ou camarim particular de senhoras, ornado com elegância.

larizada pela obra de Murger: *La vie de bohême* foi adaptada por Barrière, em 1849 e *Le pays latin* por Dunau, Voisin, Mousseux e Mareuge, em 1863. A obra-prima deste tipo de melodrama foi certamente *Les Crochets du Père Martin* (1858) *(Os Ganchos do Pai Martin)*, de Cormon e Grangé, peça na qual triunfou Paulin Ménier. Para levar uma vida dissipada, um estudante dilapida as economias acumuladas por seu pai durante toda a vida. Escondendo da mulher a conduta do filho, o pai Martin, pressionado por um ávido credor, retoma seu trabalho de carregador e embarca seu filho num navio de partida para a Austrália. O jovem se redime por uma conduta heróica e volta ao país depois de fazer fortuna. A família reencontra então sua unidade e sua felicidade.

Sobre este drama, Zola escreveria:

> É uma peça feita para as almas sensíveis, e muito bem feita, com um conjunto de situações que traz para o palco a maior soma de emoções possível [...]. Deixando de lado a literatura, devemos nós também estimar estes bons dramas, que respondem a uma verdadeira necessidade do público e que despertam seu interesse com suas mentiras de honra e de justiça.

Esta forma de melodrama social evolui espontaneamente para a estética naturalista. Convém notar, entre as etapas desta evolução, o papel essencial desempenhado por *Os Miseráveis* (1862), de Victor Hugo, que é levado à cena em 1878 e que teve, para esta geração, a mesma importância que tivera *Os Mistérios de Paris* para a geração precedente. Percebe-se sua influência, por exemplo, num melodrama de Brisebarre e Nus, *Léonard* (1862), que obteve grande sucesso não apenas na França mas também na Inglaterra. A esse respeito, notaria Sarcey:

> *Os Miseráveis* acabava de surgir quando *Léonard* foi encenado pela primeira vez. As imaginações estavam repletas dos tipos criados pelo mestre. O famoso Javert atende na sociedade pelo nome de Marcol, e os *habitués* da prisão o apelidaram Lynx. Estes dois homens,

o celerado e o policial, espreitam-se um ao outro, e a metade do drama está no espetáculo (um espetáculo sempre divertido e sempre renovado) de seus disfarces, de suas marchas e contramarchas. Quanto ao desfecho, também ele é tomado de empréstimo a uma das cenas mais famosas dos *Miseráveis*.

A obra de Hugo deu, assim, uma dimensão épica a um tema já largamente explorado. Com efeito, desde 1850, diretamente ligadas às teorias humanitárias e socialistas já desenvolvidas por Félix Pyat e Eugene Sue, algumas obras colocam em cena os dissabores e o patético da pobreza. *La Misère* (1850) *(A Miséria)*, de Dugué, que para evitar a censura se desenrola na Irlanda, inicia-se por um prólogo que descreve a indigência: "O interior de uma miserável cabana de teto baixo e desabado, sem outra abertura além de uma porta de tábuas mal colocadas. Chão úmido...".

Alguns anos mais tarde, a estética naturalista iria retomar e codificar estas tendências esparsas. Sarcey (é bem verdade que ele não gostava de Zola), não via, por exemplo, em *L'Assommoir (A Taberna)* adaptado para o teatro por Busnach, nada mais do que "um bom melodrama muito corretamente recortado dentro do romance por um mestre artífice".

Em torno do final do século, este tipo de melodrama se carregará novamente de fortes reivindicações sociais, no clima de insegurança provocado pelos movimentos anarquistas, pelos protestos operários, pela ascensão do socialismo internacional e pelos escândalos financeiros. Em 1895, um antigo café-concerto do bulevar Barbés, o Fourmi, chegou mesmo a especializar-se na representação destes melodramas sociais e socialistas.

Claude Gueux (1884), de Gadot e Rollot, ilustra bem o clima do melodrama social desta época. Vê-se aí um operário (o papel foi interpretado por Taillade), vítima de numerosas iniquidades sociais, que terminará por afundar--se na decadência. Os autores nos apresentam também, em uma sucessão de quadros, a vida operária da época com a cena – a partir de então tradicional neste gênero de melo-

108

dramas – do operário que diz algumas verdades ao contramestre. O *Michel Pauper* (1870), de Henri Becque, poderia também ser inscrito nesta mesma corrente, juntamente com outras peças como *Le Roi des mendiants* (1899) *(O Rei dos Mendigos)*, de Dorney e Mathey, ou *Maman Gâteau* (1896), de Meynet e Geoffroy.

Estamos bem longe, nestas reivindicações, das teorias de reconciliação das classes por meio do trabalho prescritas pelos melodramas do Segundo Império, e do otimista nascido dos primeiros grandes surtos de industrialização, tais como o que se encontrava, por exemplo, em *Les Mystères du Temple*, de Séjour, em que um personagem tem a seguinte fala:

> O trabalho produz, cria, fecunda; ele produziu a ciência como Deus fez a luz; ele um dia mandará que os elementos lhe obedeçam e eles obedecerão; ao espaço, que desapareça, à distância, à imensidão, que se aproxime, e sua voz imperiosa e soberana será ouvida.

Foi principalmente na cenografia que a influência conjugada do naturalismo e do socialismo mais se fez sentir: hospitais, prisões, cemitérios, espeluncas, esgotos etc; abundavam nestes dramas. Um dos mais célebres: o pátio da Grande-Roquette, de *Les Etrangleurs de Paris* (1880) *(Os Estranguladores de Paris)*, de A. Belot.

Brisebarre e Nus se especializaram neste gênero de melodramas. Em sua produção, poderíamos distinguir *Les Pauvres de Paris* (1856) *(Os Pobres de Paris)*, em que se vê uma família pobre viver sordidamente para dar uma boa educação a seu filho que, quando obtém seus diplomas, torna-se o que se chamava à época "um pobre de casaca". Eugène Nus (1816-1894), autor e coautor de numerosos dramas foi também jornalista e redator, depois de 1848, de *La Démocratie pacifique*, que veiculava as ideias de Fourier. Mais tarde, em 1873, fez surgir o *Bulletin du mouvement social*, que procurava retomar a ideia das sociedades cooperativas nas classes desfavorecidas.

109

O Melodrama de Aventuras e de Exploração

A dupla fascinação exercida pelas descobertas científicas e pelos novos territórios que elas possibilitavam descobrir e colonizar alargaria, consideravelmente, o campo de ação e os meios dos heróis de melodramas. Eles passam então a viajar mais longe e durante mais tempo, por regiões as mais diversas e pouco hospitaleiras, utilizando-se bastante de navios a vapor e locomotivas; chega-se a ir, com Charles Edmond, em *Les Mers polaires* (1852) *(Os Mares Polares)* e em *Les Exilés* (1872) *(Os Exilados)*, de Nus, ao coração da Rússia.

A América exerce, nesta época, verdadeira fascinação. Ali se mata e se faz fortuna rapidamente, numa atmosfera de epopeia e de perigos: cenário ideal para as intrigas dos melodramas, nos quais a precariedade das boas e das más fortunas constitui-se no essencial do enredo. Estes melodramas trazem eventualmente quadros de gênero que não são desprovidos de interesse, como por exemplo uma luta de boxe em uma espelunca de Nova Iorque, como a que se vê em *La Taverne du Diable* (1848) *(A Taverna do Diabo)*, de Alboise e B. Lopez. Eles jogam também com um exotismo mais tradicional, o do Sul; a Louisiana inspira então numerosos dramas: em 1853 Dumanoir e Dennery adaptam *La Case de L'Oncle Tom*[9]; em 1859 surge *Le Dompteur (O Domador)*, de Dennery e Edmond, que põe em cena o lazareto e as praças públicas de Nova Orleans; e, em 1861, temos *Cora ou l'esclavage (Cora, ou a Escravidão)*, de Barbier.

A revolta das Índias também inspira os autores, que comporão peças como *Les Fugitifs* (1858) *(Os Fugitivos)*, de Anicet-Bourgeois e Dugué, ou *Les Etrangleurs de l'Inde* (1862) *(Os Estranguladores da Índia)*, de Charles Garand; do mesmo modo a Austrália também torna-se terra sobre a qual, por exemplo, conhece-se *Les Voleurs d'or* (1864) *(Os*

---

9. Conhecido no Brasil com o nome de *A Cabana do Pai Tomás*.

Ladrões de Ouro), da Condessa de Chabrillon. Nesse veio é necessário citar, também, *Le Lac de Glénaston* (1861) *(O Lago de Glénaston)*, precedida de *Chercheurs d'or (Os Buscadores de Ouro)*, de Dennery e Boucicault.

O mais célebre dos melodramas e um dos mais reapresentados até o final do século é certamente *Les Pirates de la Savane* (1859) *(Os Piratas da Savana)*, de Anicet-Bourgeois. Sua intriga é semelhante à dos melodramas tradicionais, mas ela é deslocada para um espaço dos mais exóticos e dos mais inquietantes:

> Toda a malícia (escreveu Sarcey a propósito deste melodrama) consiste em jogar a desgraçada heroína a todo o momento num perigo extremo do qual ela é retirada para ser precipitada num outro e assim sucessivamente até que finalmente ela se case com seu noivo.

Quanto a Fournier, ele escreveria, em 1862, em *La Patrie*:

> É um drama que realmente faz uma iniciação aos horrores das lutas e dos ódios nesta terra da América, na qual a civilização não fez mais, por assim dizer, que organizar a barbárie, envenenar a vida selvagem e emprestar-lhe armas.

Barbey d'Aurevilly, que assistira à peça escreveu ainda: "Saio dali completamente desorientado [...] pois se os autores não inventaram a pólvora, eles a divulgaram bastante".

A rapidez e os atrativos dos novos meios de transporte, assim como os romances marítimos de Eugène Sue, reviveram no público o gosto pelos melodramas marítimos. Neste domínio, o que obteve maior sucesso foi, aparentemente, *La Prière des Naufragés* (1853) *(A Prece dos Náufragos)*, de Dennery e Dugué, bastante inspirado no *Naufrage de la Méduse* (1839) *(Naufrágio da Medusa)*, de Desnoyers. Esta peça mostra uma mãe que, submersa numa colisão com um iceberg, sustém, em suas mãos, fora d'água, seu filho. Uma única menina será salva do desastre por nativos, depois de ter ficado longo tempo à deriva, em cima de um pedaço de gelo.

Cada melodrama de aventuras e de exploração procurava, então, apresentar um "truque", uma cena original, insólita. Em *Un Drame au fond de la mer* (1877) *(Um Drama no Fundo do Mar)*, Dugué colocou em cena o *Great Eastern* e uma parte do drama se desenrolava sob a água. A propósito desta peça, Zola escreveria: "Quando o melodrama científico tiver nascido, o drama naturalista poderá ser experimentado". A peça que conseguiu, entretanto, apresentar um truque a cada quadro, e obteve um dos maiores sucessos teatrais do século XIX, foi *Le Tour du monde em 80 jours* (1874) *(A Volta ao Mundo em 80 Dias)*, de Julio Verne e Dennery. Dennery acrescentou algumas cenas ao texto de Verne e idealizou ainda este itinerário no qual o herói domina, enfim, o tempo e o espaço, duas obsessões por muito tempo perseguidas nos palcos do bulevar. Dennery e Verne continuaram a experiência apresentando, para a Exposição de 1878, *Les Enfants du Capitaine Grant* *(Os Filhos do Capitão Grant)* e, depois, *Le Voyage à travers l'Impossible* (1882) *(Viagem através do Impossível)*, onde se via o centro da Terra e o Nautilus. Esta última peça é recebida sem muito entusiasmo: o veio estava seco. O interesse por este gênero de drama tornara-se menos vivo.

O Melodrama Policial e Judiciário

O melodrama tradicional trazia em si, virtualmente, o melodrama policial e judiciário: o inocente era ali frequentemente cumulado de suspeitas e só conseguia se justificar na última cena. Era necessário apenas sublinhar esta dimensão, insistir sobre o erro judiciário, colocar em cena o cenário já bastante teatral de um tribunal de júri e criar um personagem policial perspicaz e obstinado. Lembrava-se muito de Javert nestas peças. Essa foi também a época em que se começava a traduzir Conan Doyle para o francês. Ao longo do inquérito, desvendava-se para o espectador o modo de vida e os hábitos sociais de ambientes os mais diferentes, desvelava-se os ódios entre membros de uma mesma família, e escondia-se, também, cuidadosamente, alguns elementos do quebra-cabeças, que só seriam descobertos nas últimas cenas, frequentemente muito violentas.

Desde o início do século, alguns melodramas famosos haviam deixado pressentir esta evolução, como *Amélie ou le Protecteur mystérieux* (1807) *(Amélia, ou o Protetor Misterioso)*, de Friedelle e Alexandre, a célebre *Pie voleuse* (1815), de Caigniez e Daubigny, ou ainda *Le Courrier de Naples* (1822), de Boirie, Pujol e Daubigny, que se inspirava no caso do *Courrier de Lyon*. Os nomes, as datas, os lugares eram entretanto modificados, a "censura obriga", e depois, os melodramaturgos do período não tinham podido resolver executar o homólogo de Lesurques, Sanalza[10]. O caso do *Courrier de Lyon* foi retomado em 1850, com este mesmo título, por Moreau, Giraudin e Delacourt e obteve então um sucesso extraordinário. Poderíamos datar nesta peça o verdadeiro início do melodrama judiciário e classificar também nesta tradição *L'Aïeule* (1863) *(A Avó)*, de Dennery, na qual uma idosa senhora enferma desempenhava o papel de envenenadora.

O gênero aperfeiçoou lentamente suas técnicas. Ele privilegiava a preparação do crime, sua encenação, o inquérito policial, em detrimento dos outros elementos, seguindo, assim, o esquema destacado por Sarcey em seu comentário sobre *L'As de Trèfle* (1895) *(O Ás de Paus)*, de Decourcelle:

Há neste drama (escreveu ele)] como em todos os do mesmo gênero, um crime preparado no primeiro quadro, executado no segundo, e depois uma instrução judiciária e as suspeitas da justiça recaindo sobre um inocente que as circunstâncias acusam.

Este novo gênero deu origem a alguns grandes sucessos, como *La belle Limonadière* (1894) *(A Bela Limona-*

---

10. Nome dado ao personagem teatral que representava Lesurques, o principal acusado no caso real do *Courrier de Lyon*.

deira)*, de P. Mahalin, sobre a qual afirmou-se no *Le Temps*: "A cada ato há um assassinato ou uma execução capital, e é sempre um inocente que morre, exceto no último quadro, no qual o patife paga sua dívida e é morto por sua vez, por seu próprio pai, fato que não deixa de ser excitante".

Poderíamos citar ainda, no mesmo estilo, *Le Drame des Essarts* (1895) *(O Drama das Raças)*, de L. Cressonnois e C. Samson; *La Pocharde* (1898) *(A Embriagada)*, de J. Mary; *La Bande à Fifi* (1898) *(O Bando de Fifi)*, de Gardel, Hervé e Varret, na qual se vê um velho policial voltar à ativa para desmantelar uma quadrilha; ou *L'Affaire Coverley* (1875) *(A Transação Coverley)*, de A. Barbusse e H. Crisafulli, na qual o vilão, no final, é atropelado por uma locomotiva. Esta é também a época em que se elabora o romance policial, do qual o melodrama logo tirará partido: *Le Dossier 113* (1896), de E. Pourcelle, por exemplo, é a adaptação de um romance de Gaboriau. O sucesso do gênero devia-se também, ademais, à utilização de episódios tomados de empréstimo aos grandes casos policiais do momento, popularizados pelos *canards*[11].

Nos últimos anos do século, a produção tornou-se muito abundante e frequentemente estereotipada. Os autores mais conhecidos, e dos quais a maior parte da obra se encaixa nesta corrente são Xavier de Montépin e Pierre Decourcelle.

Xavier de Montépin (1823-1902)

Estreia na carreira teatral com um vaudevile, *Les Trois baisers* (1846) *(Os Três Beijos)*. Depois da Revolução de 1848, participa de alguns jornais populares, como *Le Lampion*, e escreve panfletos políticos. Em 1849, ele apresenta *Le Vol à la Duchesse (O Roubo da Duquesa)* e, em 1850, *Les*

---

*. Que vende sucos e cafés (N. da E.)

11. Sem tradução exata em português. Tipo de jornal que exagerava ou mesmo falsificava notícias no intuito de obter maior vendagem. Conhecido no Brasil como "imprensa marrom".

Chevaliers du Lansquenet (Os Cavaleiros de Lansquenet). Alguns anos mais tarde, o escândalo provocado por seu romance *Les Filles de plâtre* (1856) *(As Filhas da Estátua de Gesso)*, comentado por causa de uma descrição "de mulher vista de costas", dá-lhe uma certa fama. Neste mesmo ano, ele apresenta *La Nuit du 20 septembre (A Noite de 20 de Setembro)*, drama insólito em duas partes: a primeira, desenfreada, plena de paixão e de furor, acumula os clichês do melodrama *noir*: duelo, subterrâneo, túmulo, uma mulher que é morta por veneno, outra que é assassinada; a segunda parte, que retrata os remorsos e o apaziguamento, é mais convencional em sua tonalidade e em seus procedimentos. Montépin parece lançar-se aí em exercícios de estilo. Encontramos já uma outra atmosfera em *Le Médecin des pauvres* (1856) *(O Médico dos Pobres)*, que amplifica o novo mito do médico salvador dos corpos e das almas, explorando a trilha de um melodrama realista.

Romances e dramas seguem-se a partir de então, com regularidade. Em meio a uma produção muito abundante, poderíamos distinguir *Les Viveurs de Paris* (1859) *(Os Folgadões de Paris)* e *Le Gentilhomme de grands chemins* (1860) *(O Fidalgo da Estrada Real)*. Os dramas de Montépin, que frequentemente trabalhava em associação com Dornay e Grangé, se caracterizam por uma acumulação de quadros, de peripécias e de personagens, por astúcias de encenação e pelo importante papel dado aos objetos, como o pequeno cavalo recheado de papel em *La Porteuse de pain (A Carregadora de Pães)*, que ficou célebre.

As intrigas de Montépin orientam-se pouco a pouco na direção do melodrama policial e judiciário. *La Sirène de Paris* (1860) *(A Sereia de Paris)*, põe em cena misteriosos desaparecimentos de jovens: um herói corajoso e apaixonado faz o papel de isca e desmascara o assassino, um misterioso doutor alemão. Em *L'Homme aux figures de cire* (1865) *(O Homem das Figuras de Cera)*, depois de assistirmos a cenas de sonambulismo e de magnetismo, marionetes de cera denunciam o culpado no desfecho. Os mesmos objetos e a mesma situação, bilhetes manchados de sangue acusando um portador inocente, serão usados novamente, numa peça mais tardia, *Le Fiacre n. 13* (1887) *(A Carruagem n. 13)*, que se inicia por uma blitz policial. Este último drama recoloca em cena, também, os tipos sociais mais prestigiosos do melodrama policial: o agente obstinado e perspicaz, o jovem advogado que se consagra às causas nobres, o médico pobre e devotado. No pano de fundo se cruzam loucos e tuberculosos. Assinala-se, neste melodrama, além disso, um verdadeiro achado de encenação: a palavra justiça é escrita em letras vermelhas sobre a tumba do inocente.

Retomando muitos destes elementos, Xavier de Montépin criaria, com *La Porteuse de pain* (1889), uma das obras primas incontestáveis do melodrama. Nesta peça, Jeanne Fortier, guardiã de uma fábrica, é o objeto do amor de Jacques Garaud, braço direito do patrão, Sr. Labroue. Garaud, de quem Jeanne repele os avanços, rouba planos e dinheiro do escritório de Labroue. Surpreendido por este, mata-o e incendeia os prédios da fábrica. Todas as suspeitas caem sobre Jeanne, que foge com seu filho, mas é agarrada pela polícia. A moça é enviada para o hospital de La Salpétrière, onde enlouquece. Durante um incêndio ela recobra a razão, foge e torna-se entregadora de pão, com o nome de Mamãe Lison. Ela perdeu o rastro de seu filho, criado pelo bravo cura Laugier e por um pintor, Etienne Castel, mas reencontra sua filha Lucie, a quem não ousou entretanto revelar sua identidade.

Durante este tempo, Jacques Garaud, que fizera fortuna nos Estados Unidos com o nome de P. Hermant, volta a Paris com seu cúmplice, Ovide Soliveau. Mamãe Lison e Lucie, que era rival de Mary, a filha de Hermant, escapam por milagre das tentativas de assassinato perpetradas por Soliveau. Garaud é finalmente desmascarado graças a uma carta que o pequeno Georges, filho de Jeanne, guardara em seu pequeno cavalo. Jeanne é reabilitada, ela reencontra seu filho e casa sua filha.

Em *La Policière* (1890) *(A Policial)*, Montépin leva aos limites extremos a técnica do melodrama policial. Vemos aí

116

uma mulher detetive, apelidada "Olho de Gato", que ajuda a polícia a perseguir um misterioso assassino. Ela descobre, ao longo do inquérito, que o criminoso é seu próprio filho. Ela o atrai para uma armadilha. O filho assassino se mata então, diante de sua mãe que lhe ordena que o faça. A mãe, por sua vez, é ferida de morte pelo pai do rapaz, notório celerado que desvirtuara o filho. A mãe expira sobre o cadáver de seu filho. Assinale-se, neste drama, uma admirável astúcia de encenação, próxima das técnicas do cinema: aperfeiçoando um tipo de cenário já empregado em *L'homme aux figures de cire*, que apresentava o corte de um imóvel de vários andares, Montépin mostra aqui a policial que sobe uma escada: "o cenário, então, abaixa lentamente, enterrando-se no chão [...] os três andares da casa passam sucessivamente diante do público".

Pierre Decourcelle (1856-1926)

Filho de Adrien Decourcelle, ele fez brilhantes estudos de Letras, mas seu pai tentou desviá-lo de sua vocação literária, fazendo dele um financista. Decourcelle começou a escrever em jornais e tornou-se, em 1884, folhetinista no *Gaulois*. Depois de seu primeiro romance, *Le Chapeau gris* (1886) *(O Chapéu Cinza)*, logo seguido de *La Buveuse de larmes (A Bebedora de Lágrimas)* e de *Brune et Blonde*, ele se cerca de numerosos colaboradores e se lança à adaptação de romances para o teatro. Inversamente, ele confecciona também diversos romances a partir de suas peças. Esta contínua troca entre romance e teatro, que tende a fundir os dois gêneros numa mesma unidade, amplifica ainda mais o sucesso de sua obra.

No interior da intriga policial que constrói seus dramas, Decourcelle dosa sabiamente o enredo com a observação minuciosa dos diversos meios sociais nos quais se passa a investigação e acrescenta a isto alguns toques de sentimentalismo romântico ensopado de lágrimas. Assim, em *La Charbonnière* (1884) *(A Carvoeira)*, passamos da butique de um comerciante bem estabelecido aos departamentos de um grande magazine e depois para o camarim de um artista. O encaminhamento da investigação, que procura o assassino de um ator que morreu envenenado em cena, justifica uma sucessão de quadros que noutra situação pareceria ilógica. Descobre-se no final da peça um asilo de loucos no qual intervém o personagem desde então tradicional do médico.

Esse tipo de personagem reaparece em *L'As de Trèfle* (1885), peça na qual a pintura dos hábitos sociais e dos preconceitos do *demi-monde* se afina e se enriquece. A encenação se dá em meio a uma sucessão de quadros cujos títulos, "romanescos", indicam ao mesmo tempo o fio da intriga e as informações sobre os cenários dos ambientes atravessados: I. A Mãe e o Filho; II. Mundana; III. A Cervejaria Paradisíaca; IV. O Assassinato; V. A Instrução; VI. A Confrontação; VII. A Intriga; VIII. Os Vendedores de Bares da Aurora; IX. O Ás de Paus. A técnica romanesca reaparece ainda na escrita das rubricas circunstanciadas, dedicadas a precisar os menores detalhes da encenação.

Todas estas características são retomadas e ampliadas nos três melodramas de Decourcelle que obtiveram maior sucesso: *Gigolette* (1893), *Les Deux gosses*[12] (1896) e *La Môme aux beaux yeux* (1906) *(A Criança dos Belos Olhos)*.

Gigolette narra as sequências da violação de uma jovem da alta sociedade por um operário que a amava. O violador, condenado à prisão, volta vinte anos mais tarde para procurar sua filha nascida daquele ato. Depois de um rapto, marchas e contramarchas, quiproquós e peripécias múltiplas, termina-se por descobrir novas complicações. Com efeito, o juiz que condenara o culpado havia se casado com a jovem violentada. O desfecho é violento: Gigolette, filha do condenado, joga-se na frente de um golpe de faca destinado a seu pai, finge-se de morta e depois apunhala o

---

12. Encenada no Brasil com o título *Os Dois Garotos*.

assassino pelas costas. Este melodrama vale também pelo debate das ideias que traz para a cena, onde se opõem a miséria e o vício, a medicina e a magistratura, como se observa aqui:

> Margemont (o juiz) – [...] A miséria, este eterno pretexto para justificar a devassidão nas mulheres e o crime nos homens.
> Georges – Para justificá-los não, para desculpá-los, sim.
> Margemont – Você fala como médico, que vê apenas doentes nos criminosos.
> Georges – E o senhor como magistrado, que vê apenas criminosos nos doentes.

Os Dois Garotos explora a trilha já utilizada em *As Duas Órfãs*, a das crianças infelizes e abandonadas, mas trata-se agora de dois meninos, Fanfan e Claudinet. Na sequência de uma série de mal-entendidos e de suspeitas não confirmadas, Kerlor, acreditando que sua esposa é adúltera (ela tenta, na realidade, esconder a falta da irmã de seu marido) e pondo em dúvida a paternidade de seu próprio filho, abandona-o a um ignóbil bandido, la Limace[13]. O pequeno Fanfan torna-se amigo de Claudinet, outra criança martirizada pela palmatória de la Limace. Depois de muitas viagens, desgraças, peripécias, a Sra Kerlor acredita reconhecer em Claudinet, então doente, seu filho. Este pensa então ter reencontrado um lar e o amor de uma mãe. Fanfan, por seu lado, consegue inocentar sua mãe, ser reconhecido por ela e punir la Limace. Mas Claudinet, tomado pela doença, morre, salvando-os a todos. O drama vale sobretudo pelo patético de duas crianças entregues à perseguição de brutos assassinos, num ambiente sórdido, e por certas cenas, como por exemplo aquela na qual em uma igreja duas crianças roubam suas próprias mães que eles não conhecem.

La Môme aux beaux yeux é um melodrama de estrutura bastante complicada no qual se enredam as intrigas que

---

13. Em português "a Lesma".

nascem da extraordinária semelhança entre duas mulheres, que volta e meia são confundidas uma com a outra. A encenação usa trocas rápidas de cenário em cena aberta, e joga com o pitoresco das estradas de ferro: o segundo ato se desenrola num cenário de vias férreas, sobre as quais o herói é colocado pelos bandidos. O melodrama desenvolve também o mito da América, onde se vai fazer fortuna (tema já explorado em *La Dame de carreau*, (1895), verdadeiro *western*, adaptado de Chambers e Stephenson) e joga muito com o pitoresco dos ambientes da malandragem.

Neste mesmo tom Decourcelle prosseguiu sua carreira, com *Les deux Frangines* (1903) *(Os Dois Irmãos)* e *La bâillonnée* (1904) *(A Amordaçada)*. Depois da guerra, escreveu uma série de romances: *L'autre Fils* (1922) *(O Outro Filho)*, *Quand on aime* (1925) *(Quando se Ama)* e *La danseuse assassinée* (1926) *(A Dançarina Assassina)*. Depois disso, numa evolução lógica de sua inspiração e do melodrama do final do século, ele escreveu roteiros e participou dos primeiros empreendimentos do cinema-romance (*Les mystères de New York*) *(Os Mistérios de Nova Iorque)*.

Outros Autores

Nesta movimentada história do melodrama popular, em meio a centenas de peças e dezenas de autores, é necessário assinalar o papel preponderante desempenhado, ainda nesta época, por Dennery e Anicet-Bourgeois. Adaptando-se inteligentemente ao estilo de uma nova mentalidade, eles criaram dezenas de dramas de inspirações diversas e participaram dos maiores sucessos do gênero. A seu lado, convém notar a importância, por exemplo, de um autor como Adrien Decourcelle.

Adrien Decourcelle (1821-1892)

Depois de brilhantes estudos universitários, Adrien Decourcelle torna-se inspetor dos cemitérios parisienses e inicia sua carreira de autor dramático no Théâtre Français com *Une Soirée à la Bastille* (1845) *(Um Baile na Bastilha)*. Ele alcançou a notoriedade, entretanto, no bulevar, com um melodrama simples e forte, que obteve um extraordinário sucesso: *Jenny l'ouvrière* (1850) *(Jenny, A Operária)*. A peça se passa em Paris. O cenário do primeiro ato é um quadro do gênero: a pequena operária "que trabalha e que é bela, boa e sábia", canta na janela enquanto rega as flores:

> É o jardim de Jenny a operária
> De coração contente .... de pouco contente;
> Ela poderia ser rica mas lhe agrada
> O que de Deus é presente.[14]

Neste momento a desgraça da vida operária bate à sua porta, rápido e forte: não há mais trabalho para as bordadeiras, o ateliê do pai se incendeia, o filho é sorteado para o serviço militar. Para atender às necessidades de sua família, Jenny se entrega a um jovem banqueiro, Maurice Dorsay, que há muito tempo a perseguia com seu assédio. No dia seguinte a este encontro Maurice está arruinado, mas, sob o risco de perder seu crédito, deve, entretanto, guardar todas as aparências de riqueza até o mais extremo desenlace. Jenny fica a seu lado e ajuda-o moralmente. Ele, então, promete-lhe casamento. O irmão de Jenny vem anunciar-lhe que seu pai arrisca-se a ser preso por dívidas. Maurice, ao contrário, tão brutalmente quanto tinha perdido sua fortuna recupera-a. Jenny, discretamente, pode agora socorrer sua família. Mas Dorsay a abandona pela Senhorita d'Aumont, filha do financista que o tinha ajudado em seus maus momentos. Jenny tenta voltar para a casa da família, que a repele. Desamparada, ela lembra a Maurice sua promessa de desposá-la. Maurice cumpre o prometido, mas a contragosto. Jenny, que espera um bebê, procura

---

14. C'est le jardin de Jenny l'ouvrière / Au cœur content... content de peu ; / Elle pourrait être riche et préfère / Ce qui lui vient de Dieu.

novamente refúgio em sua família. Maurice, então, percebe que a ama. Tudo se encerra entre os risos e lágrimas de uma reconciliação familiar.

Polígrafo, Adrien Decourcelle, que era casado com a filha de Dennery, escreveu, frequentemente em colaboração, numerosos vaudeviles e melodramas e seguiu também uma bela carreira de compositor. Poderíamos ainda destacar, entre suas obras, *La Bête à bon Dieu* (1849) *(O Palerma)*, *La tête de Martin* (1852) *(A Cabeça de Martin)*, *La Perdrix rouge* (1852) *(A Perdiz Vermelha)* e *Les Orphelines de Valneige* (1853) *(Os órfãos de Valneige)*, imitação de *Geneviève*, de Lamartine.

Deuses Menores

Assinalaremos aqui alguns autores de menor reputação, ao menos no gênero melodramático, mas que marcaram, entretanto, pela originalidade de algumas de suas criações, a história do melodrama desta época.

Paul Meurice (1820-1905)

Muito ligado a A. Vacquerie e a Hugo, admirador de Shakespeare e fervoroso adepto da escola romântica, ele escreveu, em 1842, um *Falstaff*, com Gautier, e uma tradução da *Antígona*, de Sófocles, com Vacquerie. Colabora com Dumas na composição de romances e dramas, como um *Hamlet*, em 1847. Depois de haver participado ativamente da Revolução de 1848, escreve para o bulevar peças frequentemente mal construídas e às vezes um pouco literárias demais para um público popular. Contando com o talento de *Mélingue*, obteve grande sucesso com *Benvenuto Cellini* (1852). Seguiram-se a ela, com o mesmo sucesso, *Schamyl* (1854), *L'Avocat des pauvres* (1856) *(O Advogado dos Pobres)*, *Fanfan la Tulipe* (1858), *Le Maître d'école* (1858) e *Le Roi de Bohême et ses sept châteaux* (1859) *(O Rei da Bohême e Seus Sete Castelos)*. Meurice também adaptou para o palco romances de Hugo – *Notre-Dame de Paris* (1879) e *Quatre-vingt-treize* (1881) – e de George Sand, *Les Beaux Messieurs de Bois Doré* (1852) *(Os Belos Senhores de Bois Doré)* e *Cadio* (1858).

Théodore Barrière (1823-1877)

Criou um tipo cômico, Desgenais, e adaptou para o palco *La Vie de Bohême*, de Murger, em 1851. Seus vaudeviles *Les Filles de marbre* (1852) *(Os Filhos de Mármore)* e *Les Faux-Bonshommes* (1856), contam-se entre os maiores sucessos cômicos do século. Em seus melodramas, dos quais os mais célebres são *Manon Lescaut* (1851), com Fournier; *L'Ane mort* (1853), com Jaime; *La Boisière* (1853), com Jaime filho; *L'Ange de Minuit* (1861), com Plouvier e *Le Crime de Faverne* (1868), encontramos situações "extremas, horríveis, pesadas" (Zola). A composição é irregular e contrastante; as cenas de violência alternam-se com longas pausas, mas o movimento frequentemente remata o conjunto com certo aparato.

Philippe Dumanoir (1806-1865)

Foi também um vaudevilista de renome; colaborou com Dennery em *Don César de Bazan* (1844), *La Case de l'oncle Tom* (1853) e *Les Drames du Cabaret* (1864).

Paul Foucher (1810-1875)

Cunhado de Victor Hugo, foi seu colaborador em *Amy Robsart*. Deve-se a ele um melodrama de sucesso, *Le pacte de famine* (1839) *(O Pacto de Fome)*, que foi seguido por *Guillaume Colmann* (1838), *Les Rôdeurs du Pont-Neuf* (1858) *(Os Vagabundos da Ponte Nova)* e *La Bande noire* (1866) *(O Bando Negro)*. Colaborou também com Anicet-Bourgeois em *La Justice de Dieu* (1845) *(A Justiça de Deus)*; com Jaime, em *Les etouffeurs de Londres* (1847) *(Os Asfixia-*

123

dores de Londres); com Aubry, em *Bruyère* (1851), e com Dennery, em *La Bonne aventure* (1854) *(A Boa Aventura)*.

Marc Fournier (1818-1879)

Apresenta, em 1848, *Les Libertins de Genève (Os Libertinos de Gênova)* e ainda *Eric ou le Fantôme (Eric, ou O Fantasma)*; em 1852, *Les Nuits de la Seine (As Noites da Seine)* e, dez anos mais tarde, *Le Portefeuille rouge*. Colabora com Dennery em *Paillasse* (1850) e com Adrien Decourcelle em *La bête à bon Dieu* (1854).

Lambert-Thiboust (1827-1867)

Compôs mais de uma centena de peças, entre as quais poderíamos distinguir *La Petite Pologne (A Pequena Polonesa)*, com Blum; *Le Crétin de la Montagne* (1861) *(O Cretino da Montanha)*, bela investigação policial dirigida por uma jovem no ambiente montanhês, e *La Voleuse d'enfants* (1865) *(A Ladra de Crianças)*.

Dugué, enfim, depois do sucesso de *Fualdés* (1848), colabora com Dennery em numerosos melodramas e escreve, sozinho, *Marthe et Marie* (1851), *Marie-Rose* (1853) e *Georges et Marie* (1853).

Mais ainda nesta época que na precedente, o papel desempenhado pelos grandes romancistas (Hugo, Verne, Zola, Ohnet, Bourget) foi preponderante. Suas principais obras deixaram marca nas criações melodramáticas. O papel dos folhetinistas foi também, por sua vez, essencial: Ponson du Terrail, em 1884, adaptou *Rocambole*, com Anicet-Bourgeois; Méry, cujos exóticos folhetins tiveram grande sucesso, deu ao bulevar *Frère et Sœur* (1856); Paul Féval enfim, além de *Le Bossu*, publicado no *Le Siècle*, em 1857, e adaptado para os palcos em 1862, compôs também, para o teatro, *Le Fils du Diable* (1847), com Saint-Yves, e ainda *Les belles de nuit ou Les Anges de la famille* (1849) *(As Belas da Noite, ou os Anjos da Família)* e *Le Bonhomme Jacques* (1850) *(Jacques, o Bom Homem)*.

Um lugar importante deve ser reservado também para Jules Mary (1851-1922), cuja inspiração variada tirou partido de todos os recursos propostos pelas diversas orientações do melodrama. A maior parte de seus romances foi adaptada para o palco, mas seu maior sucesso foi incontestavelmente *Roger la Honte* (1888) *(Roger, a Vergonha)*, que foi comparado a um Monte-Cristo cuja fortuna não seria, entretanto, devida apenas ao acaso, mas ao esforço e à engenhosidade e que viria, também ele, a se vingar dos homens e da sociedade. Suas peças seguintes, *Le Maître d'armes* (1897) *(O Mestre de Armas)*, *La Pocharde* (1898) *(A Embriagada)*, *Roule-ta-bosse* (1906), *L'enfant des fortifs* (1911) *(Os Infantes das Fortalezas)* e *La Gueuse* (1911) *(A Prostituta)*, não tiveram tanta repercussão, mas foram todas muito apreciadas.

ACTRICES.

**THÉÂTRE
DE LA GAITÉ**

ENGAGEMENT
de 182   à 182

Nous soussignés, René-Charles GUILBERT DE PIXÉRÉCOURT, *Directeur Privilégié du Théâtre de la Gaité*, demeurant à Paris, rue du Sentier, n° 11, Jean-Baptiste-Denis DUBOIS, *Administrateur*, demeurant à Paris, rue Grange-Batelière, hôtel Choiseul, n° 3, et Jean-Baptiste MARTY, *Administrateur*, demeurant à Paris, rue des Fossés-du-Temple, n° 38, d'une part ;

Et *Caroline Bullet* autorisée par sa mère qui a signé Artiste dramatique, demeurant à Paris, *Rue Croix des petits champs* d'autre part ;

Sommes convenus de ce qui suit ;

SAVOIR :

1° Moi *Caroline Bullet* déclare être en état de remplir, et en conséquence m'engage pour jouer sur le Théâtre de la Gaité, tels jours et heures que ce puisse être, même deux fois par jour, si l'Administration le juge à propos, les rôles et emplois de *premiers ingenues* *premières Chanteuses*

Contrato de atriz, no Théâtre de la Gaité.

A ESTÉTICA MELODRAMÁTICA E SUA SOBREVIVÊNCIA

O melodrama, para retomar uma fórmula de Théophile Gautier, é um espetáculo "ocular", inteiramente votado ao espetacular: um teatro de ação e de atores.

Esta simples constatação permite evitar muitos mal-entendidos.

A Escrita Melodramática

Ainda que os primeiros autores tenham tido a pretensão de uma busca de dignidade para o estilo, a estética melodramática, por sua própria natureza, não pode estar ligada à da literatura. Zombou-se frequentemente do melodrama a esse respeito, sem se ter a consciência de que o estilo do

---

Théâtre de la Gaité.

gênero responde primeiramente às exigências do movimento, da sinceridade e da sensibilidade. A língua do melodrama, que se reprova (mas segundo que normas?) por ser uma mistura de algaravia e de pieguice, joga unicamente com as funções emocionais da linguagem. O gênero buscava menos o lirismo, a invenção poética e a dignidade literária do que a ideia que se fazia disso. Os diálogos do melodrama acusam, assim, os tiques da linguagem sentimental, dramática e realista próprios de cada geração, o que explica o rápido envelhecimento de seus diálogos de uma geração para outra.

Por seu gosto pelas situações, o melodrama foi uma das primeiras formas teatrais a se desligar deliberadamente da escrita tradicional do teatro, preferindo uma linguagem puramente cênica que era, inicialmente, a da ação e das imagens. Pixérécourt, pela precisão de suas rubricas e supervisionando pessoalmente, com novas exigências, tanto técnicos quanto atores, desempenhou neste domínio o papel de inovador e elevou a encenação ao nível de uma arte. O próprio termo *mise en scène*[1] nasce, aliás, nesta época, e em 1828 inventa-se, inclusive, uma nova musa, *Sceneis*.

Os Cenários

A linguagem teatral ganhou assim uma dimensão mais expressiva, alargando e dominando um novo espaço cênico. Esta revolução viria a par de numerosas inovações técnicas: panoramas, dioramas etc., que amplificaram a dimensão espetacular do gênero. Os primeiros cenógrafos do melodrama, Alaux, Albany, Moenck, Gué, Cicéri irão utilizar ao máximo estas invenções e aperfeiçoá-las no período romântico. Os cenógrafos do final do século continuam a trabalhar no mesmo espírito e contribuem, em muito, como seus predecessores, para o sucesso do gênero.

---

1. No sentido de uma encenação global, ou do que seria chamado atualmente direção, ou ainda, encenação.

Levando em conta as inevitáveis variações devidas às modas e às tendências diversas do gênero"(histórico, exótico, burguês, realista...) é bastante fácil, malgrado a abundância e a diversidade dos locais representados, traçar uma verdadeira topografia do melodrama. A divisão se opera equitativamente entre lugares abertos e fechados, sendo que os fechados apresentam frequentemente uma saída para o exterior. O conjunto destes locais de predileção do melodrama, sempre estreitamente ligados à intriga, mereceria um estudo circunstanciado. Poderíamos, entretanto, assinalar algumas constantes obsessionais.

A Choupana

Situada num local agreste, ela representa o espaço do trabalho, da miséria ou da felicidade. Neste último caso, ela é cercada por um muro que delimita um espaço protegido que será transgredido pelo vilão. Nos arredores encontra-se frequentemente um lugar perigoso: precipício, garganta, ponte sobre uma correnteza, etc.

A Floresta

É um lugar não delimitado, de perigo e de agressões. Dentro dela, às vezes um precário refúgio: a caverna.

O Albergue

Todas as classes sociais se aproximam, neste local de encontros e de enfrentamento. É uma interrupção da errância, um dos lugares de predileção do crime. A noite, neste cenário, é propícia a todos os quiproquós e a todas as perversidades.

O Castelo

Lugar do poder e da riqueza, ele frequentemente é construído sobre uma rede de subterrâneos labirínticos.

O esquema básico do diálogo castelo-choupana será certamente objeto de numerosas variações, sobretudo na segunda parte do século, quando a fragmentação em quadros fará evoluir a estética do gênero na direção de um realismo descritivo. Na maior parte dos casos, entretanto, acrescentar-se-á, ao simbolismo visual dos lugares, aquele do ou dos "trunfos" de encenação que serão, desde os primeiros sucessos do gênero, um dos principais atrativos do melodrama. A catástrofe (tempestade, incêndio, inundação, erupção de vulcão...) ou, mais tarde, o acidente na estrada de ferro faz parte dos artifícios do crime. O "trunfo" torna-se então o apogeu paroxístico da peça, o momento no qual se conjugam os poderes do visual com os do patético.

Muitos destes trunfos de encenação ficaram célebres na história do melodrama: a avalanche em *La Cabane de Montainard*, o desabamento final em *La Citerne*, a inundação em *La Fille de l'exilé*, o acidente de trem em *L'Affaire Coverley*, etc. A descrição, nas rubricas, da catástrofe final em *La Tête de mort* (1827) *(A Cabeça do Morto)*, de Pixerécourt, pode dar uma ideia da complexidade desta encenação.

Escuta-se o ruído do Vesúvio aumentar [...]. Estrondos vulcânicos rasgam a atmosfera. Arpeya e os bandidos voltam sobre seus passos, perseguidos pela lava. Mulheres, crianças e velhos, surpreendidos pela erupção, procuram um abrigo entre as ruínas [...]. Uma torrente de lava precipita-se das alturas à esquerda, dentro das escavações do fundo [...]. A lava transborda e avança pela grande rua que ela inunda. Um arbusto plantado perto da tumba é ressecado pela torrente incandescente [...]. O palco é inteiramente inundado por este mar de betume e de lava. Uma chuva de pedras incandescentes e transparentes e de cinzas cai de todos os lados [...]. A cor vermelha que tinge todos os objetos, o medonho ruído do vulcão, os gritos, a agitação [...] tudo concorre para formar desta pavorosa convulsão da natureza um quadro horrível e certamente digno de ser comparado aos Infernos (cai o pano).

Por outro lado, o alargamento do espaço cênico e sua divisão, na largura, por numerosos elementos do cenário, na altura, pela utilização de praticáveis, reserva numerosos esconderijos e amplos espaços para as batalhas e os duelos *à quatre coups*. Todos os críticos do período concordam em reconhecer o espírito inventivo e a engenhosidade dos cenógrafos de melodramas. Eles assinalam também o grande cuidado dedicado à confecção dos figurinos, arte essencial nestas peças nas quais cor local, exotismo, realismo, disfarces, festas camponesas ou principescas contribuem para enriquecer e para variar a estética visual do gênero.

A Música e os Balés

Próximo, em seu surgimento, da técnica da cena lírica ("Um melodrama, escreveria Pixerécourt, nada mais é do que um drama lírico no qual a música é executada pela orquestra em lugar de ser cantada"), o melodrama utiliza, sobretudo em seus primórdios, todos os recursos do acompanhamento musical. Nos melodramas clássicos, a peça era às vezes precedida de uma abertura musical, curto prólogo que dava o tom geral do conjunto do drama (ver, por exemplo, *Hélénor de Portugal*, 1807, de Périn).

A música de melodrama é ao mesmo tempo expressiva e descritiva. Sua função é inicialmente emocional: ela substitui o diálogo na pantomima, prepara e sustenta os efeitos dramáticos e patéticos, acompanha a entrada e a saída dos personagens. As orquestras, que compreendiam numerosos componentes, apresentavam uma música de qualidade e eram dirigidas por musicistas de talento, como Quaisin, Gerardin-Lacour, A. Piccini... Mais tarde, ainda no século XIX, embora menos solicitada pela encenação, a música de acompanhamento do melodrama continuará, todavia, a ser de qualidade. Como já foi assinalado, de modo geral o nome do compositor e o do responsável pelo balé figuravam no cartaz.

O balé, outra convenção do melodrama, entrava também nesta combinatória mímica-linguagem-música--quadro que constitui a originalidade do gênero. O balé participa do jogo de alternância onde se opõem a tensão e o relaxamento do patético. Ele intervinha, efetivamente, tanto no início do primeiro ato, na descrição da felicidade que precedia a chegada do vilão, como no meio da peça, e era então interrompido pelo anúncio de algum terrível acontecimento. Algumas vezes ele tinha também lugar nas cenas finais, durante os episódios de reconhecimento. As mesmas funções dramáticas eram atribuídas às *romanzas* e às cantigas. Alguns melodramas tinham ainda a tendência de se encerrarem como os vaudeviles, por uma copla final. Era através do balé, também, que se exprimia ainda a cor local exótica e histórica. As cenas de baile se prestavam além disso, a todos os jogos de máscara. Em certos momentos da história do gênero o balé foi negligenciado, como nos melodramas românticos ou em alguns melodramas realistas ou policiais, nos quais ele foi substituído por cenas ou quadros de gênero.

Os Atores

O papel dos atores foi essencial na história e no sucesso do melodrama. Foram eles que deram ao gênero sua verdadeira dimensão. Não tendo que render jamais tributo a um texto "literalizado", eles puderam exprimir totalmente sua personalidade dramática, seus dons de mímica e dar à sensibilidade toda a sua força e suas nuances. Foi na escola do melodrama que se formaram todos os grandes atores do século. A esse respeito, Dussane escreveria, muito acertadamente:

> São uma maravilhosa ginástica estas situações extremas: abandonos, desesperos, angústias, reconhecimentos, transes místicos [...]. Os pulmões são treinados nos gritos, os nervos se rompem com as lágrimas, o rosto e o corpo submetem-se à mímica e aos grandes gestos. Aprendizagem violenta que evoca o rude exercício de barra por meio do qual se formam os dançarinos.

Também Charles Dullin, que reconhecia humildemente sua dívida para com o melodrama, menciona as palavras de um velho ator que desempenhava o papel de pai nobre do melodrama e que dizia: "É muito mais difícil, meu jovem, interpretar bem o melodrama do que a tragédia... (e, batendo no peito) O melodrama, é com isto que se interpreta... Para a tragédia, o talento é suficiente; para o melodrama é necessário o gênio".

Se a primeira geração destes atores (Révalard, Tautin, Defresne, Marty, Moëssard, Adèle Dupuis, Jenny Vertpré etc.) parece haver praticado um tipo de interpretação um tanto estereotipado, na qual cada papel tinha uma gestualidade codificada, mímicas e comportamentos particulares, com olhos girando nas órbitas, roncos e soluços dramáticos, foi entretanto certamente nesta escola, e no bulevar, que se formaram, mesmo tendo em seguida quebrado as cadeias de seus papéis, Frédérick Lemaître e Marie Dorval, Mélingue e Bocage.

Foi nesta mesma escola que, mais tarde, ainda no século XIX, foram também talhados atores como Ménier, Dumaine, Taillade, etc. A propósito da importância do desempenho dos atores na elaboração e no sucesso dos melodramas, citaremos, em meio a inúmeros testemunhos, o do crítico Fournier, num artigo de 1864 publicado em *La Patrie*:

> Fala-se muito dos grandes atores do passado, que com uma palavra faziam uma cena e com um gesto todo um drama, e há quem não acredite. Quando se viu Frédérick Lemaître em *Le Comte de Saulles*, entretanto, acredita-se. Por meio do que ele faz, ele revela tudo o que pôde ser feito antes.

O Público e os Teatros

Ao longo de todo o século XIX, os teatros que encenavam melodramas (o Porte-Saint-Martin, o Ambigu, o Gaîté e, mais tarde o Château-d'Eau), malgrado as interdições, as destruições, os incêndios, desempenharam, na vida social e cultural do século, um papel preponderante. Era dentro destes teatros que se encontravam, apesar da evolução e das variações das mentalidades, todos os estratos da sociedade. No final do século, o entusiasmo pelo melodrama continuava intacto, como observaria Sarcey, num artigo publicado no *Temps*, em 1894:

> Dizem que o público não quer mais nem o melodrama nem o vaudevile; e é ao vaudevile e ao melodrama, por menos bem feitos que sejam, que o público acorre como para o fogo; e ele ainda prefere pagar para vê-los, mesmo sendo velhos e gastos, do que não poder vê-los de jeito nenhum.

Na mesma época, num artigo do *Censeur* pomposamente intitulado *Les Bienfaits du mélodrame (Os Benefícios do Melodrama)*, E. Maulde sublinhava a homogeneidade do público do melodrama, a mesma, em última instância, que caracterizava o público do Primeiro Império:

> Por sua variedade, o público do Ambigu desperta, com efeito, mesmo nos mais egoístas, o senso da fraternidade. Vê-se ali, fundidos no mesmo calor de atenção, avizinhando-se com sorrisos que atestam que a união das classes não é uma quimera, os cavalheiros de fraque com os comerciantes do bairro Saint-Martin, as atrizes do momento com as deidades da rua Bréda, verdadeiras "grã-finas" com beldades da calçada; vê-se ali, numa promiscuidade tocante, antigos e futuros pensionários de Fresnes[2], operários, caixeiros, costureirinhas, carregadores dos mercados, açougueiros de La Villette e porteiros, montes de porteiros e até crianças de colo. É claro que todas estas pessoas não recebem do palco impressões idênticas. Acontece de a plateia sorrir quando a torrinha chora, e de a torrinha se alegrar quando a plateia se entristece. Mas em certos momentos a emoção atinge fraternalmente todos os corações. Do fraque à camisa, o mesmo frêmito de repouso percorre a sala durante o entreato. E se por acaso – pois as tradições se mantêm – os músicos aproveitam o fechamento da cortina para tocar uma valsa lenta, é em uníssono, como as mesmas inflexões de ternura, que as vozes, ainda que saindo de diferentes devaneios, murmuram as coplas. E prova-se uma doce alegria na constatação de semelhante comunhão.

2. Nome de uma conhecida prisão.

134

Era efetivamente nos palcos dos teatros dos bulevares, e muito raramente nos outros, que se encontravam o movimento e a invenção teatrais. Numa mesma sessão amontoavam-se frequentemente dois melodramas e um vaudevile e era bastante comum que um melodrama ultrapassasse a centésima representação (como nos outros gêneros, a claque era utilizada nas primeiras apresentações). Muitas peças, as que haviam obtido os maiores sucessos, eram reencenadas em intervalos regulares e cada geração retomava, ainda, as peças mais célebres da geração precedente. Neste domínio, o papel dos pequenos teatros de bairro (Belleville, Montmartre, Montparnasse) foi determinante: eles foram a primeira parada de sucessos de obras-primas do melodrama. Depois deles, os teatros de província que tinham suas próprias trupes ou acolhiam turnês, retomavam as peças que tivessem obtido a consagração parisiense. É necessário notar, finalmente, que a criação do gênero melodramático foi um fenômeno estritamente francês, que se espalhou rapidamente pela Europa (Inglaterra, Itália, Alemanha, Portugal, Holanda e Rússia) e pelo Novo Mundo, onde foram traduzidos e adaptados os sucessos do Bulevar do Crime.

A Posteridade do Melodrama

Na evolução do gênero a partir do começo do século XX, duas correntes essenciais aparecem: uma buscará perpetuar, sem nenhuma mudança, as receitas do melodrama tradicional, de modo geral retomando antigos sucessos (após a Primeira Grande Guerra, poucas novas criações enriqueceriam o repertório); a outra, apoiando-se na estética melodramática, tentará inová-la.

No primeiro caso, poderíamos assinalar as tentativas de A. Bernède, que pretendeu criar, em 1913, um teatro onde só se encenariam os melodramas de antigamente, a de Antoine, que ao longo de matinês clássicas encenava melodramas de Pixerécourt, e enfim a de Gémier, grande admirador dos atores de melodramas.

A Torre de Nesle, reencenada por ocasião do centenário do romantismo, obteve um grande sucesso. Era no Teatro Montparnasse que estava instalado o melodrama e, até 1929, a reprise dos grandes clássicos para ali atraía muita gente, malgrado a concorrência do cinema. Constatou-se também uma retomada do melodrama em 1940, e durante o período da ocupação alemã, encenava-se então *Le Bossu*, *Les Deux Orphelines*, *La Porteuse de pain*, *Les Deux Gosses* e *La Bouquetière des innocents*, por exemplo. Observa-se, como se pode constatar ao longo de sua história, que o melodrama, sempre firmemente entrelaçado ao tecido social, ganha novo viço nas épocas de crises sociais e nacionais, nos momentos em que os valores se redefinem e que se reencontra o gosto pelas oposições fortes e a necessidade de uma criação mítica e compensatória.

Muito naturalmente, desde o começo do século, é no cinema, novo mestre da ilusão visual, do espaço e do tempo, que o melodrama encontrará um novo vigor. O cinema, com efeito, desde seus primeiros filmes, retomará os grandes sucessos do gênero e alguns autores de melodramas, como Pierre Decourcelle, chegaram mesmo a escrever roteiros. Reencontramos, assim, os prolongamentos da estética melodramática nos filmes de espionagem, de capa e espada e sobretudo nos *westerns* que retomam para si os efeitos, os estereótipos e a tipologia do gênero. A televisão, por sua vez, reedita periodicamente alguns de seus grandes clássicos.

A outra corrente da criação melodramática aparece nas tentativas de enriquecimento e de renovação do gênero. Desde o final do século XIX, Maurice Bouchor (*Drame pour marionnettes (Drama para Marionetes)*), Maurice Pottecher (*Les Spectacles du Théâtre du peuple*) (*Os Espetáculos do Teatro do Povo*) e Romain Rolland (*Le Théâtre du Peuple (O Teatro do Povo)* ; *Théâtre de la Révolution (Teatro da Revolução)* buscaram recuperar para o melodrama uma missão didática e social. Gémier, que seguia a mesma inspiração, escreveria em 1923:

Ele (o melodrama), será a nova igreja na qual os oficiantes de boa vontade anunciarão o evangelho que reconciliará todos os homens. E para esta magnífica tarefa, ele reunirá todas as artes, a poesia, a música, a dança, as artes plásticas, que em lugar de se confinarem em compartimentos juntar-se-ão, se fortificarão mutuamente nesta arte dramática nova.

Belo fim para o melodrama, esta visão utópica de uma grandiosa missão humanitária.

Menos artificial, mas mais real, foi a influência do melodrama sobre os dramas de Salacrou: *L'Archipel Lenoir (O Arquipélago Lenoir)*, *Les Fiancés du Havre (Os Noivos do Havre)*, de Bernstein *Le Bercail (O Aprisco)*, *Samson*, *L'Assaut (O Assalto)*, *La Soif (A Sede)*, ou ainda de Ghéon *Le Pauvre sous l'escalier (O Pobre sob a Escola)*, *La Bergère au pays des loups (A Pastora no País dos Lobos)*, *Le Noël sur la place (O Natal na Praça)*, grande admirador do melodrama, que escreveria:

se ele afaga o gosto do público, é lealmente, por meio dos fatos. Tudo pela ação. Muito sombria, bem desenvolvida, evidente aos olhos dos mais iletrados, ela faz movimentarem-se os atores, tremerem as tábuas; ela realiza no drama este dinamismo que Molière obtém na farsa e na comédia e acaba por emprestar um sentimento de realidade às sombras. Ela age imediatamente sobre os espectadores. Um verdadeiro criador poderia se assenhorar dela e dar-lhe a consagração humana.

Uma filiação mais subterrânea com o melodrama poderia ser percebida também em alguns dramas de Jean Cocteau, como *La Machine infernale (A Máquina Infernal)*, *L'Aigle à deux têtes (A Águia de Duas Cabeças)* ou *Les Parents terribles (Os Parentes Terríveis)*, a propósito da qual ele dizia:

Era necessário escrever uma peça moderna e nua, não dar aos artistas e ao público nenhuma chance de retomar o fôlego [...].

137

Resultou disso um vaudevile, um melodrama, tipos de um bloco só que se contradizem. Uma sequência de cenas – verdadeiros pequenos atos – na qual as almas e as peripécias estão, a cada minuto, no extremo delas mesmas.

Esta necessidade de levar as ações e os personagens "ao extremo deles mesmos", Kessel a sentiu compondo *Le Coup de grace (O Golpe Fatal)*, que ele denominou melodrama. Ele explicou sua posição num artigo publicado nas *Lettres Françaises*:

> Escrever um melodrama é recusar deliberadamente as normas frequentemente enferrujadas do "gosto", da "medida", em proveito da pujança – mesmo exagerada – do conflito, da intensidade – mesmo brutal – na ação, da liberdade – mesmo desenfreada – na expressão.

De uma outra maneira, o teatro de ideias do pós-guerra, no qual encontramos personagens que representam valores, reencontra naturalmente o *canevas* do melodrama com as peças de Camus, *Calígula, L'Etat de siège (O Estado de Sítio)* e sobretudo *Le Malentendu (O Mal-entendido)*, na qual uma absurda e desregrada fatalidade conduz, num albergue, a um falso reconhecimento e a um assassinato.

Enfim e sobretudo, as pesquisas teatrais que tentam desenvolver novas formas de expressão, inevitavelmente se interessam pela estética melodramática. Em seu programa do Teatro da Crueldade, Artaud não previa "um ou mais melodramas românticos em que a inverossimilhança se torna um elemento ativo e concreto da poesia"?

Atualmente, enquanto numerosas tentativas buscam reencontrar formas teatrais de origem, onde a poesia nasce unicamente da ação, onde o espetacular retoma a primazia sobre o texto escrito, onde o teatro se transforma num ritual ético e estético de ampla utilização e que faz renascer crenças e mitos enterrados, uma trilha resta talvez aberta para um melodrama que não quer, certamente, morrer.

138

CONCLUSÃO

O melodrama é um gênero teatral que privilegia primeiramente a emoção e a sensação. Sua principal preocupação é fazer variarem estas emoções com a alternância e o contraste de cenas calmas ou movimentadas, alegres ou patéticas. É também um gênero no qual a ação romanesca e espetacular impede a reflexão e deixa os nervos à flor da pele, um gênero no qual "não se tem necessidade do *vivido*, provido que se é do *vivente*" (G. Jubin). Com o melodrama, a sala de espetáculo muda de função: ela não é mais um palácio de espelhos onde uma sociedade se dá em espetáculo a ela mesma, mas um local de comunhão numa ilusão teatral completa, que beira a fascinação.

O estilo dos diálogos, evidentemente, não tem lugar num tal universo: a intriga de um melodrama não é jamais bem escrita, mas é sempre bem descrita. É exatamente esta

---

Caroline Soisson em La Citerne.

a arte que se reprovou por ter sido tão habilmente praticada, que se comparou algumas vezes, a um "ópio do povo", a "uma empreitada deliberada da burguesia para doutrinar e moralizar o povo" (R. Monod). Este julgamento não é, certamente, inteiramente falso, ao menos para certas épocas, mas parece muito redutor. O melodrama, é verdade, pratica em geral uma moral convencional e "burguesa", mas não se pode esquecer que ele veiculou, durante uma boa parte do século não só ideias políticas, sociais e socialistas, mas sobretudo humanitárias e "humanistas", apoiando-se na esperança fundamental de um triunfo final das qualidades humanas sobre o dinheiro e o poder. Ele carreou, de cambulhada, os sonhos e as esperanças dos estratos sociais mais desfavorecidos, mas também criou e manteve a efervescência de um imaginário popular, rico e vigoroso.

De fato, durante todo o século XIX, com diferentes formas de sucesso, o melodrama revelou-se um "teatro teatral", utilizando todos os recursos da arte cênica para criar um ritual dramático que apelava para uma qualidade que perdemos ante um espetáculo: a ingenuidade; e para uma outra que lhe é complementar, evitando que se reduzam estas peças a um conjunto de clichês: a sinceridade. Em definitivo, como o dizia Jules Lemaître: "Consentir em gostar do melodrama é ainda uma maneira de se simplificar, segundo os conselhos de Tolstói, e é também, de alguma forma, participar da caridade e da fraternidade".

BIBLIOGRAFIA

Sumária

ALBERT, Maurice. *Les théâtres des Boulevards* (1789-1848). Paris, Sté. Fr. d'Imprimerie et de Librairie, 1902.

ALLEVY, M-A. (Akakia-Viala). *La mise en scène en France pendant la première moitié du XIXe siècle*. Paris, Droz, 1938.

BEAULIEU, Henri. *Les théâtres du boulevard du crime : De Nicolet à Déjazet (1752-1862)*. Paris, Daragon, 1905.

BRAZIER, Nicolas. *Chroniques des petits théâtres de Paris*, 2e éd. reimpressão com variações e notas por Georges d'Heylli. Paris, Rouveyre et Blond, 1883, 2 vol.

BROOKS, Peter. « Une esthétique de l'étonnement : le mélodrame ». *Poétique 19*, 1974, p. 340-356.

ESTÈVE, Edmond. *Études de littérature pré-romantique*, 2. *Le père du mélodrame : René-Charles Guilbert de Pixerécourt*. Paris, Champion, 1923, p. 139-168.

GASCAR, Pierre. *Le boulevard du crime*. Paris, Atelier Hachette / Massin, 1980.

GINISTY, Paul. *Le mélodrame*. Paris, Michaud, 1910.

HARTOG, Willie-G. *Guilbert de Pixerécourt, sa vie, son mélodrame*. Paris, Champion, 1912.

141

NODIER, Charles, "Préface au Théâtre choisi de Pixerécourt". *Chez L'auteur*, 1841-1843, 4 vols., Paris-Tresse/Nancy.

Revue des sciences humaines. Número especial sobre o Melodrama, 162, 1976, 2.

THOMASSEAU, Jean-Marie. *Le mélodrame sur les scènes parisiennes de Coelina (1800) à L'auberge des adrets (1823)*. Serviço de reprodução de Teses, Universidade de Lille-III, 1974.

VAN BELLEN, Eise Carel. *Les origines du mélodrame*. Utrecht, Keminck et Zoon, 1927.

WICKS, Charles-Beaumont. *The Parisian Stage* (Catalogue des pièces jouées sur les différentes scènes de la capitale) : Part I : 1800-1815, Part II : 1816-1830, Part III : 1831-1850, Part IV : 1851-1875, Part V : 1876-1900. University of Alabama Press, 1950-1979.

Atualizada

BARTHES, Roland. *Écrits sur le théâtre français*. Paris, Seuil, 2002.

CHAUVEAU, Philippe. *Les théâtres parisiens disparus*. Paris, Amandier, s.d.

DESCOTES, Maurice. *Le public de théâtre et son histoire*. Paris, Presses Universitaires de France, 1964.

FIGURES THÉÂTRALES DU PEUPLE. Paris, Ed. du CNRS, 1985

GENGEMBRE, Gérard. *Le théâtre français au 19ᵉ siècle*. Paris, Armand Colin, 1999.

LE HIR, Marie-Pierre. *Le Romantisme aux enchères, Pixerécourt, Ducange, Hugo*. Amsterdam / Philadelphie, John Benjamins Publishing C°, 1992.

LEVER, Maurice. *Théâtre et Lumières*. Paris, Fayard, 2001.

LE MÉLODRAME. *Europe – revue littéraire mensuel*. Paris, Nov./Déc. 1987, n. 703-74.

NAUGRETTE, Florence. *Le théâtre romantique*. Paris, Seuil, 2001.

NAUGRETTE-CHRISTOPHE, Catherine. *Paris sous le Second Empire - Le théâtre et la ville*. Paris, Librairie Théâtrale, 1998.

PRZYBOS, Julia. *L'entreprise mélodramatique*. Paris, José Corti, 1987.

SABATIER, Guy. *Le mélodrame de la république sociale et le théâtre de Félix Pyat*. Paris, L'Harmattan,1998

THOMASSEAU, Jean-Marie. *Drame et Tragédie*. Paris, Hachette, 1995.

UBERSFELD, Anne. *Le drame romantique*. Paris, Belin, 1993.

SOBRE O AUTOR

Jean-Marie Thomasseau é professor do Departamento de Artes do Espetáculo da Universidade de Paris VIII – Saint Denis. Especialista em história do teatro popular e em dramaturgia romântica, participou da elaboração do *Dictionnarie encyclopédique du Théatrê* (Bordas, Paris, 1991). É autor também de um estudo sobre *Lorenzaccio* (Presses Universitaires de France, Paris, 1991) e de *Drame et tragédie* (Hachette, Paris, 1995).

TEATRO NA PERSPECTIVA

O Sentido e a Máscara
Gerd A. Bornheim (D008)
A Tragédia Grega
Albin Lesky (D032)
Maiakóvski e o Teatro de Vanguarda
Angelo Maria Ripellino (D042)
O Teatro e sua Realidade
Bernard Dort (D127)
Semiologia do Teatro
J. Guinsburg, J. T. Coelho Netto e
Reni C. Cardoso (orgs.) (D138)
Teatro Moderno
Anatol Rosenfeld (D153)
O Teatro Ontem e Hoje
Célia Berrettini (D166)
Oficina: Do Teatro ao Te-Ato
Armando Sérgio da Silva (D175)
O Mito e o Herói no Moderno Teatro Brasileiro
Anatol Rosenfeld (D179)
Natureza e Sentido da Improvisação Teatral
Sandra Chacra (D183)
Jogos Teatrais
Ingrid D. Koudela (D189)
Stanislávski e o Teatro de Arte de Moscou
J. Guinsburg (D192)
O Teatro Épico
Anatol Rosenfeld (D193)
Exercício Findo
Décio de Almeida Prado (D199)
O Teatro Brasileiro Moderno
Décio de Almeida Prado (D211)
Qorpo-Santo: Surrealismo ou Absurdo?
Eudinyr Fraga (D212)
Performance como Linguagem
Renato Cohen (D219)
Grupo Macunaíma: Carnavalização e Mito
David George (D230)

Bunraku: Um Teatro de Bonecos
Sakae M. Giroux e Tae Suzuki
(D241)
No Reino da Desigualdade
Maria Lúcia de S. B. Pupo (D244)
A Arte do Ator
Richard Boleslavski (D246)
Um Voo Brechtiano
Ingrid D. Koudela (D248)
Prismas do Teatro
Anatol Rosenfeld (D256)
Teatro de Anchieta a Alencar
Décio de Almeida Prado (D261)
A Cena em Sombras
Leda Maria Martins (D267)
Texto e Jogo
Ingrid D. Koudela (D271)
O Drama Romântico Brasileiro
Décio de Almeida Prado (D273)
Para Trás e Para Frente
David Ball (D278)
Brecht na Pós-Modernidade
Ingrid D. Koudela (D281)
O Teatro É Necessário?
Denis Guénoun (D298)
O Teatro do Corpo Manifesto: Teatro Físico
Lúcia Romano (D301)
O Melodrama
Jean-Marie Thomasseau (D303)
Teatro com Meninos e Meninas de Rua
Marcia Pompeo Nogueira (D312)
O Pós-Dramático: Um conceito Operativo?
J. Guinsburg e Sílvia Fernandes
(orgs.) (D314)
Contar Histórias com o Jogo Teatral
Alessandra Ancona de Faria (D323)
Teatro no Brasil
Ruggero Jacobbi (D327)

40 Questões Para um Papel
Jurij Alschitz (d328)
Teatro Brasileiro: Ideias de uma História
J. Guinsburg e Rosangela Patriota (D329)
Dramaturgia: A Construção da Personagem
Renata Pallottini (D330)
Caminhante, Não Há Caminho. Só Rastros
Ana Cristina Colla (D331)
Ensaios de Atuação
Renato Ferracini (D332)
A Vertical do Papel
Jurij Alschitz (d333)
Máscara e Personagem: O Judeu no Teatro Brasileiro
Maria Augusta de Toledo Bergerman (D334)
Teatro em Crise
Anatol Rosenfeld (D336)
João Caetano
Décio de Almeida Prado (E011)
Mestres do Teatro I
John Gassner (E036)
Mestres do Teatro II
John Gassner (E048)
Artaud e o Teatro
Alain Virmaux (E058)
Improvisação para o Teatro
Viola Spolin (E062)
Jogo, Teatro & Pensamento
Richard Courtney (E076)
Teatro: Leste & Oeste
Leonard C. Pronko (E080)
Uma Atriz: Cacilda Becker
Nanci Fernandes e Maria T. Vargas (orgs.) (E086)
TBC: Crônica de um Sonho
Alberto Guzik (E090)
Os Processos Criativos de Robert Wilson
Luiz Roberto Galizia (E091)
Nelson Rodrigues: Dramaturgia e Encenações
Sábato Magaldi (E098)
José de Alencar e o Teatro
João Roberto Faria (E100)
Sobre o Trabalho do Ator
M. Meiches e S. Fernandes (E103)
Arthur de Azevedo: A Palavra e o Riso
Antonio Martins (E107)

O Texto no Teatro
Sábato Magaldi (E111)
Teatro da Militância
Silvana Garcia (E113)
Brecht: Um Jogo de Aprendizagem
Ingrid D. Koudela (E117)
O Ator no Século XX
Odette Aslan (E119)
Zeami: Cena e Pensamento Nô
Sakae M. Giroux (E122)
Um Teatro da Mulher
Elza Cunha de Vincenzo (E127)
Concerto Barroco às Óperas do Judeu
Francisco Maciel Silveira (E131)
Os Teatros Bunraku e Kabuki: Uma Visada Barroca
Darci Kusano (E133)
O Teatro Realista no Brasil: 1855-1865
João Roberto Faria (E136)
Antunes Filho e a Dimensão Utópica
Sebastião Milaré (E140)
O Truque e a Alma
Angelo Maria Ripellino (E145)
A Procura da Lucidez em Artaud
Vera Lúcia Felício (E148)
Memória e Invenção: Gerald Thomas em Cena
Sílvia Fernandes (E149)
O Inspetor Geral de Gógol/Meyerhold
Arlete Cavaliere (E151)
O Teatro de Heiner Müller
Ruth C. de O. Röhl (E152)
Falando de Shakespeare
Barbara Heliodora (E155)
Moderna Dramaturgia Brasileira
Sábato Magaldi (E159)
Work in Progress na Cena Contemporânea
Renato Cohen (E162)
Stanislávski, Meierhold e Cia
J. Guinsburg (E170)
Apresentação do Teatro Brasileiro Moderno
Décio de Almeida Prado (E172)
Da Cena em Cena
J. Guinsburg (E175)
O Ator Compositor
Matteo Bonfitto (E177)
Ruggero Jacobbi
Berenice Raulino (E182)
Papel do Corpo no Corpo do Ator
Sônia Machado Azevedo (E184)

O Teatro em Progresso
Décio de Almeida Prado (E185)
Édipo em Tebas
Bernard Knox (E186)
Depois do Espetáculo
Sábato Magaldi (E192)
Em Busca da Brasilidade
Claudia Braga (E194)
A Análise dos Espetáculos
Patrice Pavis (E196)
As Máscaras Mutáveis do
Buda Dourado
Mark Olsen (E207)
Crítica da Razão Teatral
Alessandra Vannucci (E211)
Caos e Dramaturgia
Rubens Rewald (E213)
Para Ler o Teatro
Anne Ubersfeld (E217)
Entre o Mediterrâneo e o Atlântico
Maria Lúcia de Souza B. Pupo
(E220)
Yukio Mishima: O Homem de Teatro
e de Cinema
Darci Kusano (E225)
O Teatro da Natureza
Marta Metzler (E226)
Margem e Centro
Ana Lúcia V. de Andrade (E227)
Ibsen e o Novo Sujeito da Modernidade
Tereza Menezes (E229)
Teatro Sempre
Sábato Magaldi (E232)
O Ator como Xamã
Gilberto Icle (E233)
A Terra de Cinzas e Diamantes
Eugenio Barba (E235)
A Ostra e a Pérola
Adriana Dantas de Mariz (E237)
A Crítica de um Teatro Crítico
Rosangela Patriota (E240)
O Teatro no Cruzamento de Culturas
Patrice Pavis (E247)
Eisenstein Ultrateatral: Movimento
Expressivo e Montagem de Atrações
na Teoria do Espetáculo de Serguei
Eisenstein
Vanessa Teixeira de Oliveira (E249)
Teatro em Foco
Sábato Magaldi (E252)
A Arte do Ator entre os
Séculos XVI e XVIII
Ana Portich (E254)

O Teatro no Século XVIII
Renata S. Junqueira e Maria Gloria
C. Mazzi (orgs.) (E256)
A Gargalhada de Ulisses
Cleise Furtado Mendes (E258)
Dramaturgia da Memória no Teatro-
Dança
Lícia Maria Morais Sánchez (E259)
A Cena em Ensaios
Béatrice Picon-Vallin (E260)
Teatro da Morte
Tadeusz Kantor (E262)
Escritura Política no Texto Teatral
Hans-Thies Lehmann (E263)
Na Cena do Dr. Dapertutto
Maria Thais (E267)
A Cinética do Invisível
Matteo Bonfitto (E268)
Luigi Pirandello:
Um Teatro para Marta Abba
Martha Ribeiro (E275)
Teatralidades Contemporâneas
Sílvia Fernandes (E277)
Conversas sobre a Formação do Ator
Jacques Lassalle e Jean-Loup
Rivière (E278)
A Encenação Contemporânea
Patrice Pavis (E279)
As Redes dos Oprimidos
Tristan Castro-Pozo (E283)
O Espaço da Tragédia
Gilson Motta (E290)
A Cena Contaminada
José Tonezzi (E291)
A Gênese da Vertigem
Antonio Araújo (E294)
A Fragmentação da Personagem no
Texto Teatral
Maria Lúcia Levy Candeias (E297)
Alquimistas do Palco: Os Laboratórios
Teatrais na Europa
Mirella Schino (E299)
Palavras Praticadas: O Percurso
Artístico de Jerzy Grotowski, 1959-1974
Tatiana Motta Lima (E300)
Persona Performática: Alteridade e
Experiência na Obra de Renato Cohen
Ana Goldenstein Carvalhaes (E301)
Como Parar de Atuar
Harold Guskin (E303)
Metalinguagem e Teatro: A Obra de
Jorge Andrade
Catarina Sant Anna (E304)

Enasios de um Percusro
Esther Priszkulnik (E306)
Função Estética da Luz
Roberto Gill Camargo (E307)
Poética de "Sem Lugar"
Gisela Dória (E311)
Entre o Ator e o Performer
Matteo Bonfitto (E316)
A Missão Italiana: Histórias de uma Geração de Diretores Italianos no Brasil
Alessandra Vannucci (E318)
Além dos Limites: Teoria e Prática do Teatro
Josette Féral (e319)
Ritmo e Dinâmica no Espetáculo Teatral
Jacyan Castilho (E320)
A Voz Articulada Pelo Coração
Meran Vargens (E321)
Beckett e a Implosão da Cena
Luiz Marfuz (E322)
Teorias da Recepção
Claudio Cajaiba (E323)
A Dança e Agit-Prop
Eugenia Casini Ropa (E329)
O Soldado Nu: Raízes da Dança Butô
Éden Peretta (e332)
Teatro Hip-Hop
Roberta Estrela D'Alva (E333)
Alegoria em Jogo: A Encenação Como Prática Pedagógica
Joaquim C.M. Gama (E335)
Jorge Andrade: Um Dramaturgo no Espaço-Tempo
Carlos Antônio Rahal (E336)
Campo Feito de Sonhos: Inserção e Educação Através da Arte
Sônia Machado de Azevedo (E339)
Do Grotesco e do Sublime
Victor Hugo (EL05)
O Cenário no Avesso
Sábato Magaldi (EL10)
A Linguagem de Beckett
Célia Berrettini (EL23)
Ideia do Teatro
José Ortega y Gasset (EL25)
O Romance Experimental e o Naturalismo no Teatro
Emile Zola (EL35)
Duas Farsas: O Embrião do Teatro de Molière
Célia Berrettini (EL36)

Giorgio Strehler: A Cena Viva
Myriam Tanant (EL65)
Marta, A Árvore e o Relógio
Jorge Andrade (T001)
O Dibuk
Sch. An-Ski (T005)
Leone de'Sommi: Um Judeu no Teatro da Renascença Italiana
J. Guinsburg (org.) (T008)
Urgência e Ruptura
Consuelo de Castro (T010)
Pirandello do Teatro no Teatro
J. Guinsburg (org.) (T011)
Canetti: O Teatro Terrível
Elias Canetti (T014)
Ideias Teatrais: O Século XIX no Brasil
João Roberto Faria (T015)
Heiner Müller: O Espanto no Teatro
Ingrid D. Koudela (org.) (T016)
Büchner: Na Pena e na Cena
J. Guinsburg e Ingrid Dormien Koudela (orgs.) (T017)
Teatro Completo
Renata Pallottini (T018)
Barbara Heliodora: Escritos sobre Teatro
Claudia Braga (org.) (T020)
Machado de Assis: Do Teatro
João Roberto Faria (org.) (T023)
Luís Alberto de Abreu: Um Teatro de Pesquisa
Adélia Nicolete (org.) (T025)
Teatro Espanhol do Século de Ouro
J. Guinsburg e N. Cunha (orgs.) (T026)
Tatiana Belinky: Uma Janela para o Mundo
Maria Lúcia de S. B. Pupo (org.) (T28)
Peter Handke: Peças Faladas
Samir Signeu (org.) (T030)
Dramaturgia Elizabetana
Barbara Heliodora (org.) (T033)
Um Encenador de si Mesmo: Gerald Thomas
J. Guinsburg e Sílvia Fernandes (S021)
Três Tragédias Gregas
Guilherme de Almeida e Trajano Vieira (S022)
Édipo Rei de Sófocles
Trajano Vieira (S031)

As Bacantes de Eurípides
Trajano Vieira (S036)
Édipo em Colono de Sófocles
Trajano Vieira (S041)
Agamêmnon de Ésquilo
Trajano Vieira (S046)
Antígone de Sófocles
Trajano Vieira (S049)
Lisístrata e Tesmoforiantes
Trajano Vieira (S052)
Os Persas de Ésquilo
Trajano Vieira (S55)
Teatro e Sociedade: Shakespeare
Guy Boquet (K015)
Alda Garrido: As Mil Faces de uma
Atriz Popular Brasileira
Marta Metzler (pers)
Caminhos do Teatro Ocidental
Barbara Heliodora (pers)
O Cotidiano de uma Lenda: Cartas do
Teatro de Arte de Moscou
Cristiane L. Takeda (PERS)
Eis Antonin Artaud
Florence de Mèredieu (PERS)
Eleonora Duse: Vida e Obra
Giovanni Pontiero (PERS)
Linguagem e Vida
Antonin Artaud (PERS)
Ninguém se Livra de seus Fantasmas
Nydia Licia (PERS)
Sábato Magaldi e as Heresias do
Teatro
Maria de Fátima da Silva Assunção
(PERS)
Vsévolod Meierhold: Ou a Invenção
da Cena
Gérard Abensour (pers)
Nissim Castiel: Do Teatro da Vida Para
o Teatro da Escola
Debora Hummel e Luciano Castiel
(orgs.) (MP01)
O Grande Diário do Pequeno Ator
Debora Hummel e Silvia de Paula
(orgs.) (MP02)
Um Olhar Através de... Máscaras
Renata Kamla (MP03)
Performer Nitente
Adriano Cypriano (MP04)
O Gesto Vocal
Mônica Andréa Grando (MP05)
Br-3
Teatro da Vertigem (LSC)

Com os Séculos nos Olhos
Fernando Marques (LSC)
Dicionário de Teatro
Patrice Pavis (LSC)
Dicionário do Teatro Brasileiro:
Temas, Formas e Conceitos
J. Guinsburg, João Roberto Faria
e Mariangela Alves de Lima (co-
ords.) (LSC)
História do Teatro Brasileiro, v. 1:
Das Origens ao Teatro Profissional da
Primeira Metade do Século XX
João Roberto Faria (Dir.) (LSC)
História do Teatro Brasileiro, v. 2:
Do Modernismo às Tendências
Contemporâneas
João Roberto Faria (Dir.) (LSC)
História Mundial do Teatro
Margot Berthold (LSC)
O Jogo Teatral no Livro do Diretor
Viola Spolin (LSC)
Jogos Teatrais: O Fichário de Viola
Spolin
Viola Spolin (LSC)
Jogos Teatrais na Sala de Aula
Viola Spolin (LSC)
Léxico de Pedagogia do Teatro
Ingrid Dormien Koudela; José
Simões de Almeida Junior (coords.)
(lsc)
Meierhold
Béatrice Picon-Vallin (LSC)
Queimar a Casa: Origens de um
Diretor
Eugenio Barba (LSC)
Rastros: Treinamento e História de
Uma Atriz do Odin Teatret
Roberta Carreri (LSC)
Teatro Laboratório de Jerzy Grotowsky
Ludwik Flaszen e Carla Pollastrelli
(cur.) (LSC)
Últimos: Comédia Musical em Dois
Atos
Fernando Marques (LSC)
Uma Empresa e seus Segredos:
Companhia Maria Della Costa
Tania Brandão (LSC)
Zé
Fernando Marques (LSC)

Este livro foi impresso na cidade de Cotia,
nas oficinas da MetaSolutions, em fevereiro de 2016,
para a Editora Perspectiva.